Andrea Erkert

Weihnachtsmaus & Winterwichtel

Die Advents- und
Weihnachtszeit spielerisch erleben
mit den Kleinsten von 0–3

Illustrationen: Annie Meussen

Ökotopia Verlag, Münster

Impressum

Autorin   Andrea Erkert
Lektorin   Uta Koßmagk
Illustrationen   Annie Meussen
Gestaltung   Hain-Team, Bad Zwischenahn
ISBN   978-3-86702-228-6

1. Auflage
© 2013 Ökotopia Verlag, Münster

Inhalt

Vorwort

Kinder lieben die Advents- und Winterzeit. Sie schauen fasziniert zu, wenn der Adventskranz gebunden wird, erfreuen sich am ersten Schnee, backen begeistert Plätzchen, basteln eifrig etwas Adventliches und lauschen gerne einer interessant erzählten kurzen Weihnachtsgeschichte. Strahlende Kinderaugen sind zu sehen, wenn am ersten Adventssonntag die erste Kerze am Adventskranz angezündet wird. Voller Freude öffnen sie auch vom 1. bis 24. Dezember jeden Tag ein Türchen des Adventskalenders, der ihnen als Zählhilfe für die Tage bis zum großen Fest dient.

Für Kinder, die zum ersten Mal in der Kinderkrippe die Vorweihnachtszeit erleben, ist vieles noch neu und unbekannt. Die Kinder lassen sich zwar schnell motivieren und begeistern, brauchen jedoch die Unterstützung der Erwachsenen, die ihnen spielerisch z. B. den Sinn des Adventskalenders erklären und ihnen zeigen, wie sie sich die Dezembertage bis zum Heiligen Abend noch versüßen können. Besonders schön ist es, wenn sich Spiele, Lieder und andere Angebote jedes Jahr wiederholen, sodass sie den älteren Kindern in der Gruppe oder Familie bereits bekannt sind. Solche wiederkehrenden, vertrauten Abläufe tun den Kindern gut, geben ihnen Halt, Sicherheit und nicht zuletzt ein Gefühl von Gemeinschaft. So können sich die Kinder besonders gut mit der Bedeutung von diesem großen christlichen Fest auseinandersetzen.

Da die Adventszeit in die dunkelste und kälteste Zeit des Jahres fällt, sollten sich die Kinder nicht nur mit dem Advent, sondern auch mit den Geschehnissen in der Natur auseinandersetzen und das, was sie draußen erlebt haben, in den Innenräumen spielerisch vertiefen.

Das vorliegende Buch bietet hierzu jede Menge Spiele und andere Angebote für Kinder bis 3 Jahre: adventliche Rituale für Beginn und Ende eines Spielkreises, Strampel-, Krabbel- und Laufspiele, Klanggeschichten, Finger-, Kniereiter- und Wahrnehmungsspiele, Ideen für kleine Bastelarbeiten, aber auch ruhige Spiele und Streichelmassagen zum Entspannen und Einschlafen. Abgerundet wird das Buch durch zwei Kapitel, mit deren Hilfe ohne viel Aufwand eine kleine Nikolausfeier für die Kinder und eine Adventsfeier für Groß und Klein geplant, organisiert und durchgeführt werden können. Ganz egal, für was man sich entscheidet, steht vor jeder Praxisidee eine empfohlene Altersangabe und falls erforderlich, die benötigen Materialien. Für einen raschen Überblick sind im Register alle Ideen thematisch und mit Altersangabe aufgelistet.

Eine schöne Advents- und Winterzeit mit ganz viel Lichterglanz, schneebedeckten Wiesen und weiß gezuckerten Bäumen wünscht

Andrea Erkert

Adventsgruß & Lichtertanz

Adventliche Rituale für
Beginn und Ende eines Spielkreises

In jeder Einrichtung wiederholen sich in der Adventszeit liebgewon-
nene Gewohnheiten und Spiele, auf die sich die Kinder jedes Jahr
erneut freuen. Sie versüßen ihnen die Adventszeit und verkürzen gleichzeitig die Wartezeit bis zum Heiligen Abend. Die Kinder lassen sich
gerne auf die adventlichen Rituale ein, die im besonderen Maße die
Vorfreude auf das große Fest steigern.

In diesem Kapitel werden Spielaktionen vorgestellt, die sich speziell
für jeden Morgen- und Abschlusskreis anbieten, sodass aus ihnen ein
schönes Ritual werden kann. Die Kinder lieben Rituale, die ihnen vertraut sind und auf die sie sich im Spielkreis jeden Tag aufs Neue freu-
en können. Sie geben ihnen Sicherheit, Geborgenheit und Orientie-
rung, die sie in einer sich rasant verändernden Welt brauchen. Die
Rituale im Spielkreis helfen den Kindern auch, innerlich zur Ruhe zu
kommen und sich ganz bewusst auf eine Sache einzulassen. Nicht
zuletzt steigern sie das Gemeinschaftsgefühl in der Adventszeit, das
schon allein durch die Kreisform, die weder einen Anfang noch ein
Ende hat, gefördert wird.

Die Weihnachtsglocke

Alter: ab 1 Jahr
Material: 1 Weihnachtsmann-Glocke mit Holzgriff, ca. 17–20 cm hoch o. Ä.

Die Spielleitung holt die Glocke, setzt sich zu den Kindern in den Kreis und sagt:
„Läutet die Weihnachtsglocke dreimal im Kreis, sind alle Kinder ruhig und besonders leis'!"
Sie läutet nun dreimal mit der Glocke und tippt mit dem Zeigefinger der anderen Hand auf ihren Mund. Das ist das Zeichen, ganz leise zu sein. Kurz darauf begrüßt sie die Gruppe, indem sie z. B. sagt:
„Guten Morgen liebe Kinder! Schön, dass ihr da seid."

Ein Licht für dich

Alter: ab 2 Jahren
Material: pro Kind 1 leeres Babygläschen und 1 LED-Teelicht; Vielzahl verschiedener selbstklebender Motive passend zur Advents- und Weihnachtszeit

Vorbereitung

Die Spielleitung wäscht die Gläser aus und entfernt die Etiketten. Die Kinder kleben selbstklebende Sterne, Herzen usw. darauf. In die Gläser stellt die Spielleitung jeweils ein batteriebetriebenes LED-Teelicht, das nicht heiß wird. Vor Spielbeginn stellt sie die Gläser zusammen auf den Boden.

Spielverlauf

Spielleitung und Kinder bilden gemeinsam um die Teelichter herum einen großen Sitzkreis. Ein Kind holt sich ein Glas, stellt es direkt vor die Füße seines linken Nachbarskindes und sagt:
„Guten Morgen, ich schenke dir ein Licht!"
Während sich das 1. Kind wieder auf die Kreisbahn bzw. seinen Platz stellt, holt sich sein linkes Nachbarkind ebenfalls ein Licht, um das Spiel auf die gleiche Art mit seinem linken Nachbarskind fortzusetzen.
Erst wenn alle Kinder ein Licht haben, stehen die Kinder auf und gehen Hand in Hand einmal links im Kreis herum. Stehen alle Kinder wieder vor ihren Teelichtern, ist das Spiel beendet.

Singen & musizieren im Advent

Miteinander ein Lied singen, das zum Advent passt, macht Spaß und fördert die Sprachentwicklung und das Rhythmusgefühl. Es muss jedoch ein Lied sein, dessen Text und Melodie die Kinder sich leicht einprägen können. Damit das gut gelingt, sollte das ausgewählte Lied möglichst jeden Tag im Spielkreis gesungen werden.

Alter: ab 2 Jahren
Material: evtl. pro Kind
1 Rhythmusinstrument (z. B. Schellenkranz oder Rassel)
Lied: „Lasst uns froh und munter sein" (aus dem 19. Jh.)

Die Spielleitung begrüßt die Kinder im Spielkreis. Miteinander singen sie das Lied „Lasst uns froh und munter sein" und machen dazu folgende Bewegungen:

1. *„Lasst uns froh und munter sein*
   und uns recht von Herzen freuen."
   (Auf das Herz deuten.)
   „Lustig, lustig, trallerallera!
   Bald ist Nikolausabend da,
   bald ist Nikolausabend da!"
   (Im Takt zur Melodie auf die Oberschenkel patschen.)

2. *„Dann stell ich den Teller auf.*
   Niklaus legt gewiss was drauf."
   (Mit den Händen eine Schale formen.)
   „Lustig, lustig …"
   (Refrain siehe 1. Strophe)

3. *„Wenn ich schlaf, dann träume ich,*
   jetzt bringt Niklaus was für mich."
   (Die Handflächen aufeinanderlegen, den Kopf zur Seite neigen und auf dem Handrücken ruhen lassen.)
   „Lustig, lustig …"
   (Refrain s. 1. Strophe)

4. *„Wenn ich aufgestanden bin,*
   lauf ich schnell zum Teller hin."
   (Aufstehen und auf der Stelle laufen.)
   „Lustig, lustig …"
   (Refrain s. 1. Strophe)

5. *„Niklaus ist ein guter Mann,*
   dem man nicht genug danken kann."
   (Dem linken oder rechten Nachbarskind die Hand schütteln.)
   „Lustig, lustig …"
   (Refrain s. 1. Strophe)

Variante

Die Kinder erhalten jeweils ein Rhythmusinstrument von der Spielleitung, mit denen sie rhythmisch jeweils die Melodie des Refrains begleiten.

Adventskranz schmücken

Die vier Kerzen auf dem Adventskranz sind für die vier Adventssonntage bestimmt. Die Kinder freuen sich, wenn jeden Sonntag eine weitere Kerze brennt. Bei dem folgenden Spiel dürfen die Kinder sogar jeden Morgen einen großen Adventskranz miteinander im Kreis selbst gestalten.

Alter: ab 1,5 Jahren
Material: 1 Gymnastikreifen; Tannenreisig; 4 große dicke Kerzen; Stabfeuerzeug; 1 Nikolaussäckchen (➜ S. 37) mit jeder Menge kleiner Sachen, die vor allem in der Adventszeit zu sehen sind (z. B. Strohsterne, Glocken und Herzen)

Vorbereitung

Die Spielleitung legt einen Gymnastikreifen auf den Boden, auf dem sie etwas Tannenreisig verteilt. Die vier Kerzen stellt sie direkt neben den Reifen und zwar so, dass sie etwa gleich weit voneinander entfernt stehen.

Spielverlauf

Die Kinder setzen sich jeden Morgen um den Kranz bzw. Reifen mit Tannenreisig herum.
Die Spielleitung geht der Reihe nach zu den einzelnen Kindern, die sich etwas aus dem Säckchen holen. Nacheinander verteilen sie ihre Sachen auf dem Kranz.
Am Ende entzündet die Spielleitung entweder eine Kerze, zwei, drei oder vier Kerzen. Schließlich stellt sie sich zu den Kindern in den Kreis, die sich die Hände reichen und sich entsprechend der Anzahl angezündeter Kerzen gegenseitig einen schönen 1., 2., 3. oder 4. Advent wünschen.

Zünde die Kerze an!

Alter: ab 1 Jahr
Material: 1 großes Windlicht, glasklar (passend für große Stumpenkerzen); Glasmalfarbe; Pinsel, 1 große Stumpenkerze, Feuerzeug

Vorbereitung

Die Spielleitung malt auf das Windlichtglas ein paar einfache Motive passend zur Advents- und Winterzeit, wie z. B. Sterne, Glocken, Engel, Lebkuchenherzen, Schneemänner und Schneeflocken.

Spielverlauf

Alle sitzen miteinander im Spielkreis. Die Spielleitung platziert in dessen Mitte das Windlicht.
Sie entzündet die Kerze im Glas und verdunkelt, falls nötig, etwas den Raum, sodass der helle Kerzenschein besonders gut zur Geltung kommt.
Die Spielleitung geht im Innenkreis herum und begrüßt dabei die einzelnen Kinder per Handschlag.

Hinweis

Die Spielleitung kann auch erst eine kurze Geschichte passend zur Adventszeit erzählen, bevor sie jedes Kind per Handschlag begrüßt.

Adventskalender

Jeden Tag darf ein anderes Kind eine Schachtel vom Adventskalender öffnen.

Alter: ab 1 Jahr
Material: fertig gebastelter Adventskalender (→ S. 62); Notizblatt; Kugelschreiber

Die Spielleitung steht in der Kreismitte und sagt:
„Halli-Hallo, eine Schachtel öffnen darfst heute du!"
Reihum deutet sie zu jeder Silbe auf die einzelnen Kinder. Dasjenige Kind, auf das sie als Letztes zeigt, darf zu dem Adventskalender, der hier aus 24 Schachteln besteht, gehen, um die Schachtel für den jeweiligen Dezembertag zu öffnen.

Hinweis

Die Spielleitung schreibt diejenigen Kinder auf, die bereits eine Schachtel öffnen durften. Wird ein Kind ausgezählt, das bereits an der Reihe gewesen ist, wiederholt die Spielleitung ausgehend von diesem Kind den Abzählvers.

Plätzchen für die Weihnachtswichtel

In Finnland wird für die kleinen Gehilfen des Weihnachtsmannes (Joulupukki) am Weihnachtsabend der Tisch gedeckt. Nachts, wenn alle schlafen, kommen sie heimlich ins Haus, um sich zu bedienen. Alternativ dazu kann es hier für jedes Kind im Morgenkreis ein Guten-Morgen-Plätzchen geben.

Alter: ab 1 Jahr
Material: 1 Plätzchenteller; verschiedene Leckereien (z. B. Zimtsterne, Nussecken und Mandelmakronen)

Vorbereitung

Die Spielleitung stellt einen Plätzchenteller mit Köstlichkeiten aus der Weihnachtsbäckerei auf einen kleinen Tisch.

Spielverlauf

Die Kinder sitzen im Stuhlkreis und tun so, als ob sie schlafen würden. Der Tisch mit den Plätzchen steht in der Kreismitte. Die Spielleitung weckt ein Kind auf. Dieses deutet mit den Händen eine Zipfelmütze auf seinem Kopf an und holt sich leise ein Plätzchen vom Tisch. Sitzt das Kind wieder auf seinen Platz, weckt die Spielleitung das nächste Kind auf, das das Spiel auf die gleiche Art fortsetzt.

Erst wenn alle Kinder ein Plätzchen haben, wünscht die Spielleitung ihnen „Guten Morgen", der im wahrsten Sinne des Wortes „versüßt" wurde.

Das Christkind kommt bald!

Damit die Kinder erahnen, weshalb wir Weihnachten feiern, kann folgendes Spiel im Morgenkreis sehr hilfreich sein.

Alter: ab 2 Jahren
Material: 1 Krippe mit Krippenfiguren
Lied: „Leise rieselt der Schnee" (Text und Melodie: Eduard Ebel, 1839–1905)

Die Kinder bilden um die Krippe, die auf dem Boden steht, einen Sitzkreis.
Die Spielleitung liest jeden Morgen eine beliebige Strophe des Liedes vor, um den Kindern stets aufs Neue bewusst zu machen, dass wir bald Weihnachten und somit die Geburt von Jesus Christus feiern.

1. *„Leise rieselt der Schnee,*
   still und starr ruht der See,
   weihnachtlich glänzet der Wald:
   Freue dich, Christkind kommt bald."

2. *„In den Herzen ist's warm,*
   still schweigt Kummer und Harm,
   Sorge des Lebens verhallt:
   Freue dich, Christkind kommt bald."

3. *„Bald ist Heilige Nacht,*
   Chor der Engel erwacht,
   hört nur, wie lieblich es schallt:
   Freue dich, Christkind kommt bald."

Zum Schluss darf immer ein anderes Kind aus der Gruppe das Jesuskind in der Krippe ausfindig machen. Dabei dürfen ihm, falls nötig, auch die anderen Kinder behilflich sein.

Glockenläuten

Alter: ab 2 Jahren
Material: 1 Weihnachtsmann-Glocke mit
Holzgriff, ca. 17–20 cm hoch o. Ä.

Die Spielleitung bildet mit den Kindern einen
Kreis. Sie läutet mit der Glocke und sagt laut:

„Läutet die Glocke, muss ich gehen!
Liebe Kinder, auf Wiedersehen!

Die Spielleitung übergibt die Glocke demjeni-
gen Kind, das links neben ihr sitzt.
Das betreffende Kind setzt die Abschiedsrunde auf die gleiche Art fort.
Die Abschiedsrunde ist beendet, wenn alle
Kinder einmal mit der Glocke läuten und sich
von der Gruppe verabschieden konnten.

Tschüss, Weihnachtskugel!

Alter: ab 1,5 Jahren
Material: 1 unzerbrechliche Weihnachtskugel (z. B. aus Styropor oder Plastik)

Die Spielleitung hält eine Weihnachtskugel in
der Hand und sitzt mit den Kindern im Kreis
auf dem Boden. Die Beine sind leicht gespreizt,
sodass sich die Kinder gegenseitig mit ihren
Fußspitzen berühren.
Sie wählt ein Kind aus, in dessen Richtung sie
die Kugel rollt. Sie verabschiedet sich von dem
betreffenden Kind, indem sie z. B.
„Tschüss, liebe(r) … (Vorname des Kindes ein-
setzen)*! Ich wünsche Dir einen guten Heimweg!"* sagt.

Das ausgewählte Kind rollt die Kugel auf die
gleiche Weise einem anderen Kind zu, um sich
von diesem zu verabschieden.
Das Spiel ist aus, sobald alle Kinder einmal
verabschiedet wurden.

Winke, winke!

Alter: ab 2 Jahren
Material: pro Kind 1 Stoff- oder
Papierserviette mit Adventsmotiv

Zum Abschied im Spielkreis erhält jedes Kind
eine Serviette passend zum Advent, das es an
einer Ecke festhält. Miteinander winken die
Kinder sich gegenseitig zu und sagen laut:

„Bis bald und auf Wiedersehen!
Winke, winke, ich muss gehen!"

Frau Holle, es schneit!

Das folgende Abschlussspiel bietet sich besonders dann an, wenn es draußen schneit.

Alter: ab 1,5 Jahren
Material: pro Kind und für die Spielleitung
1 kleines Kissen

Die Kinder erhalten von der Spielleitung jeweils ein kleines Kissen, das sie an den oberen beiden Ecken direkt vor ihre Brust halten. Die Spielleitung stellt sich zu den Kindern auf die Kreisbahn. Miteinander schütteln sie ihre Kissen aus und sagen dabei:

„Frau Holle schüttelt ihre Kissen aus.
Es schneit! Alle gehen nun blitzschnell raus!
Auf Wiedersehen!"

Die Spielleitung sammelt die Kissen wieder ein und geht mit den Kindern in Richtung Garderobe, um sich warm anzuziehen. Miteinander geht's dann ins Freie und schließlich nach Hause.

Kleiner Engel, flieg' zu mir!

Alter: ab 1,5 Jahren
Material: 1 kleiner Engel (z. B. aus Styropor oder Stroh)

Die Spielleitung hält den kleinen Engel in der Hand. Alle Kinder strecken ihre Arme in die Luft.
Die Spielleitung hebt den Engel nach oben und verabschiedet sich von dem Kind, das links neben ihr sitzt. Sie überreicht ihm den Engel in der Luft.
Das Kind lässt nun den Engel einen Platz nach links weiter „fliegen" und setzt das Abschiedsspiel mit erhobenen Armen auf die gleiche Art fort.
Erst wenn die Spielleitung den kleinen Engel wieder in den Händen hält, ist die Abschiedsrunde beendet.

Variante

Der kleine Engel wird auf die gleiche Art im Morgenkreis, jedoch zur Begrüßung, eingesetzt.

Tschüss, Weihnachtsmann!

Kleine, weiche Weihnachtsmänner gibt es in der Vorweihnachtszeit in Hülle und Fülle. Sie eignen sich jedoch nicht nur zum Aufstellen und Liebhaben, sondern auch zum Verabschieden im Abschlusskreis.

Alter: ab 1 Jahr
Material: 1 kleiner Plüsch-Weihnachtsmann

Die Spielleitung hält den weichen Weihnachtsmann in der Hand und verabschiedet sich von den Kindern im Kreis, indem sie z. B. sagt:

„Der Weihnachtsmann muss gehen,
tschüss und auf Wiedersehen!"

Die Spielleitung übergibt einem Kind den Plüsch-Weihnachtsmann, den es zum Abschied noch einmal so richtig knuddeln darf. Es sucht sich nun ein anderes Kind aus, das gerne auch den Plüsch-Weihnachtsmann noch einmal knuddeln möchte.
Das Spiel ist aus, sobald alle Kinder, die den Plüsch-Weihnachtsmann haben wollten, an der Reihe gewesen sind.

Variante

Das Spiel verläuft im Morgenkreis so wie oben beschrieben, jedoch sagt die Spielleitung dann:

„Brr, es ist kalt, es ist Winter!
Guten Morgen, liebe Kinder!"

Advent, Advent ...

Alter: ab 2 Jahren
Gedicht: „Advent, Advent, ein Lichtlein brennt" (volkstümlich)

Im Morgen- und später im Abschlusskreis sagen die Kinder folgendes altbekanntes Gedicht auf:

„Advent, Advent, ein Lichtlein brennt.
Erst eins, dann zwei, dann drei, dann vier,
dann steht das Christkind vor der Tür!"

Am Ende geben sich die Kinder gegenseitig die Hände und wünschen sich einen schönen 1. (2., 3. oder 4.) Advent! Darüber hinaus wünschen sie sich gegenseitig noch einen „Guten Morgen!" oder „Guten Heimweg!"

Bewegt durch die Advents- und Winterzeit

Strampel-, Krabbel- und Laufspiele für drinnen

Die Adventszeit wird in den Einrichtungen und Familien am liebsten ruhig und besinnlich begangen. Hinzu kommt, dass sich Kinder in der kalten Jahreszeit nicht so häufig im Freien aufhalten und bewegen. Sie brauchen jedoch gerade auch in der Advents- und Winterzeit genügend bewegungsintensive Spiele und andere Angebote, die ihrem Alter, ihren Interessen und nicht zuletzt ihrem großen Bewegungsdrang gerecht werden.

Die folgenden Strampel-, Krabbel- und Laufspiele kommen dem natürlichen Bewegungsdrang der Kleinsten entgegen. Spielerisch beschäftigen sie sich mit dem Thema „Advent & Winter" und zwar ohne dabei völlig außer Atem zu kommen. Vielmehr werden Bewegungsfreude, Motorik und Ausdauer geschult. Durch die bewegungsintensiven Spielideen wird auch der Kreislauf anregt und die Verdauung gefördert.

Der Nikolaus kommt bald!

Alter: ab 3 Monaten
Material: 1 Lammfell o. Ä.; 1 kuschelige Babydecke

Vorbereitung

Die Spielleitung legt das Baby auf eine weiche Unterlage und zieht es nach Möglichkeit bis zur Unterwäsche oder Windel aus.

Spielverlauf

Die Spielleitung liest den Text langsam vor und macht die dazugehörigen Bewegungen:
„Hurra, es wird bald Winter.
Es freuen sich die Kinder."
(Mit den Fingerspitzen, die Schneeflocken darstellen, auf die Fußsohle des Kindes tippen, sodass es strampelt.)
„Ja, bald kommt der Nikolaus.
Bestimmt auch zu dir nach Haus."
(Beide Handflächen dem Baby entgegenstrecken, sodass es mit den Beinen gut gegen die Handinnenfläche stampfen kann.)
„Er besucht die Kinder
Er kommt noch vor Winter."
(Mit den Fingerspitzen, die die Schneeflocken darstellen, auf die Fußsohlen des Kindes tippen, sodass es strampelt.)
„Er bringt viel Leckeres mit.
Apfel und Nuss machen fit!"
(Die Unterarme des Kindes behutsam auf und ab beugen.)
Nach dem Strampelspiel hüllt die Spielleitung das Kind gleich in eine kuschelige Babydecke ein und zieht es wieder an.

Auf Entdeckungsreise

Das folgende Spiel zeigt, wie die Kinder jeden Tag in Bewegung kommen und sich dabei mit etwas Neuem, das hauptsächlich in der Adventszeit zu sehen ist, beschäftigen können.

Alter: ab 9 Monaten
Material: großer Teppich; kleine Überraschungen passend zur Adventszeit (z. B. großer Strohstern, Weihnachtskugel aus Styropor, Plüsch-Weihnachtsmann)

Die Spielleitung breitet einen Teppich aus. Jeden Dezembertag legt sie etwas Neues, das zur Adventszeit passt, darauf.
Sie lädt die Kinder nun dazu ein, auf dem Teppich zu krabbeln und das, was auf dem Teppich liegt, zu begutachten.

Hinweis

Bevor Kinder aufrecht gehen, krabbeln sie überall herum und kräftigen dabei ihre Muskeln. Sachen, die eine Gefahr darstellen, müssen jedoch stets außer Reichweite gebracht werden.

Weihnachtskugel-Jagd

Die Weihnachtskugeln rollen einfach fort, was für ein Chaos! Können alle Kugeln schnell wieder eingesammelt werden, sodass aus dem Tannenbaum bald ein schöner Weihnachtsbaum werden kann?

Alter: ab 9 Monaten
Material: pro Kind 1–2 unzerbrechliche Weihnachtskugeln (z. B. aus Styropor oder Plastik); 1 kleiner Tannenbaum (z. B. im Topf oder aus Plastik)

Die Kinder sitzen um den Tannenbaum herum. Ausgehend vom Baum rollt die Spielleitung die Kugeln in alle Richtungen fort.
Die Kinder krabbeln los, um die einzelnen Kugeln zu holen. Werden die Kinder alle Kugeln finden und dem Tannenbaum zurückbringen? Die Spielleitung kann den Kindern dabei behilflich sein.

Weihnachtsmarkt

Bei dem folgenden Spiel wird die Reaktions- und Antrittsschnelligkeit gefördert. Gleichzeitig lernen die Kinder so ganz nebenbei ein paar Dinge kennen und benennen, die zur Advents- und Weihnachtszeit gehören.

Alter: ab 2,5 Jahren
Material: Handtrommel; 6 Gymnastikreifen; 6 unterschiedliche Dinge, die es auf dem Weihnachtsmarkt gibt (z. B. Lebkuchenpackung, Strohstern, Adventskranz, Nussknacker, unzerbrechlicher Engel, unzerbrechliche Weihnachtskugel)

Vorbereitung

Die Spielleitung verteilt in einem überschaubaren Spielfeld die Gymnastikreifen, die die Weihnachtsmarktstände darstellen sollen. In jeden Reifen legt sie eines der o. g. Dinge.

Spielverlauf

Die Spielleitung macht mit den Kindern einen Ausflug zum Weihnachtsmarkt, d. h., sie geht mit ihnen in Richtung der Reifen. Miteinander schlendern sie um die einzelnen Reifen herum und schauen sich alles genau an.
Erfolgt ein kräftiger Trommelschlag durch die Spielleitung, bleiben alle Kinder stehen.
Die Spielleitung schaut zu den Kindern und ruft z. B.:
„Wo ist der Lebkuchen-Stand?"
Die Kinder müssen nun so schnell wie möglich zu dem gesuchten Reifen laufen, in dem sich die Lebkuchenpackung befindet.
Konnten alle Kinder den gesuchten Reifen finden, beginnt eine neue Spielrunde, bei der die

Spielleitung z. B. ganz verzweifelt den „Nuss-knacker-Stand" sucht.

Pfefferkuchenhaus-Parcours

Alter: ab 9 Monaten
Material: 6–8 große Umzugskartons; gut deckende Farben (z. B. Plakatfarbe); Malerpinsel; Süßigkeiten, die an einem Pfefferkuchenhaus dekoriert sein können, z. B. Plätzchen, Schokofiguren, Gummibärchen

Vorbereitung
Die Spielleitung entfernt den Boden von jedem Umzugskarton und legt sie so auf den Boden, dass die Kinder durch die beiden Öffnungen krabbeln können. Auf die Kartons malt sie Fenster, eine Tür und viele runde, eckige und herzförmige Lebkuchen, aber auch ein paar andere Leckereien, die sich zum Dekorieren für ein Pfefferkuchenhaus eignen. Die Spielleitung bildet aus den Umzugskartons eine lange Schlange und zwar so, dass die einzelnen Kartons nicht zu weit voneinander entfernt stehen.

Spielverlauf
Die Kinder gehen auf Entdeckungsreise und krabbeln der Reihe nach durch die einzelnen Lebkuchenhäuser.
Am Ziel angekommen gibt's natürlich für jedes Kind eine Leckerei vom „Pfefferkuchenhaus".

Flinke Rentiere

Damit die Rentiere den Weihnachtsmann schnell von Haus zu Haus bringen können, müssen sie regelmäßig trainieren und vom Weihnachtsmann fit gehalten werden. Wie das geht, erleben die Kinder bei dem folgenden Spiel.

Alter: ab 2,5 Jahren
Material: 1 Weihnachtsmann-Glocke mit Holzgriff, ca. 17–20 cm hoch; evtl. Weihnachtsmannmütze

Die Spielleitung spielt den Weihnachtsmann, holt sich die Glocke und setzt sich, falls vorhanden, eine rote Weihnachtsmannmütze auf. Die Kinder spielen die Rentiere des Weihnachtsmannes, knien sich auf den Boden und bewegen sich auf allen Vieren durch den Raum.
Sobald jedoch der „Weihnachtmann" mit der Glocke läutet, müssen alle Rentiere so schnell wie möglich zu ihm krabbeln.
Stehen alle Rentier-Kinder vor dem Weihnachtsmann, fängt eine neue Trainingsrunde an, bei der die Kinder z. B. rückwärts krabbeln oder so schnell wie möglich durch den Raum springen. Das geht jedoch nur so lange, bis der Weihnachtsmann wieder mit der Glocke läutet.
Nach ein paar Trainingsrunden sind bestimmt alle Rentier-Kinder ganz fit und putzmunter!

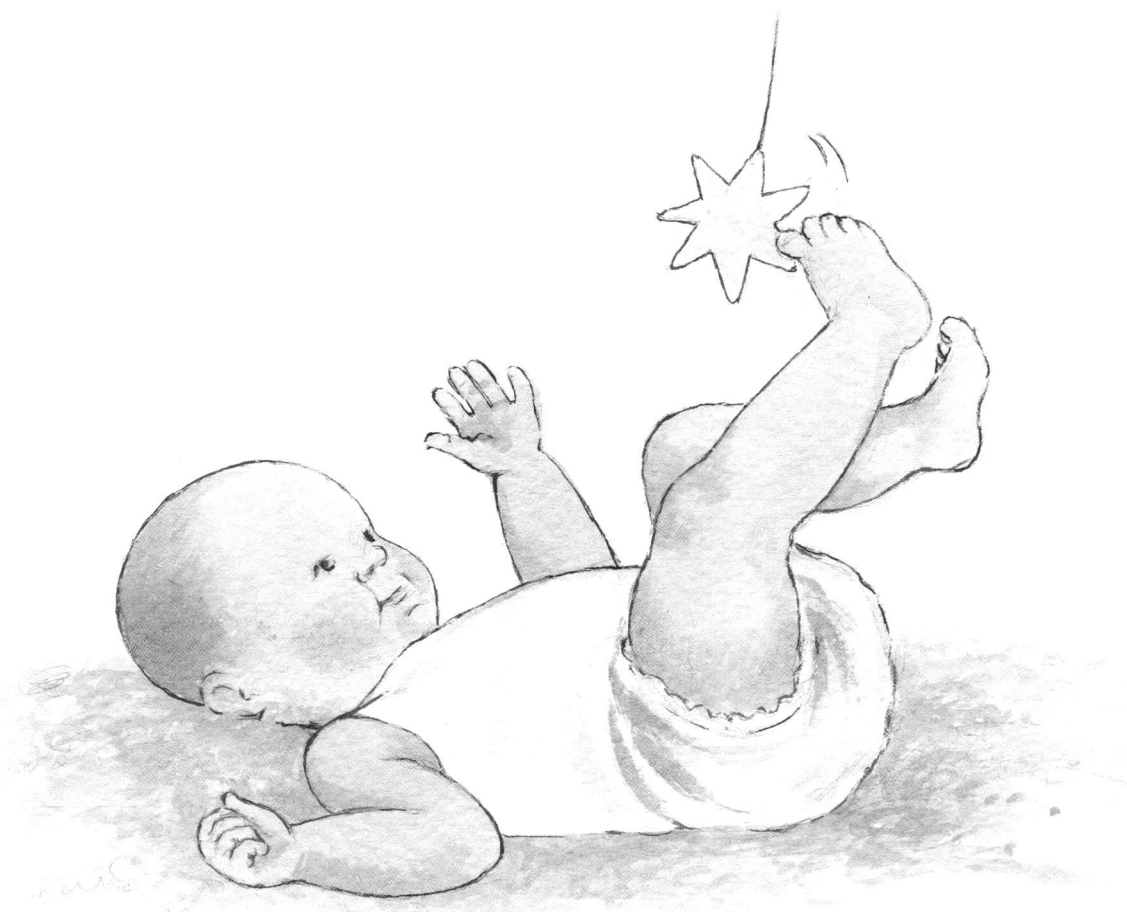

Folge dem kleinen Stern!

Alter: ab 3 Monaten
Material: 1 Lammfell o. Ä; 1 kuschelige Babydecke; Strohstern in der Größe einer Kinderhand; 1 Stück Faden, ca. 10 cm lang

Vorbereitung

Die Spielleitung bringt den Faden am Stern an, sodass sie ihn daran festhalten kann. Dann zieht sie das Kind nach Möglichkeit bis auf die Unterwäsche aus und legt es am besten auf ein weiches, warmes Lammfell.

Spielverlauf

Sie hält eine Hand unter den Po des Kindes und führt den Stern ausgehend von den Armen ganz langsam in Richtung Füße und zwar so, dass das Kind den Stern mit den Händen und später mit den Füßen berühren kann. Es wird sich voller Freude bewegen und strampeln! Anschließend führt sie den Stern wieder ganz langsam zum Ausgangspunkt zurück.

Nach ein paar Durchgängen hüllt sie das Kind in eine kuschelige Babydecke ein. Kurz darauf zieht sie das Kind wieder an.

Der Stern von Bethlehem

Alter: ab 1,5 Jahren
Material: 1 Tonkartonbogen in Gelb, DIN A3; 1 großes Bild von einem Stern (→ S. 83); Schere; einige Schafe (z. B. aus Plüsch oder Holz); Krippe mit Krippenfiguren (z. B. aus Buchenholz); pro Kind 1 dunkles Tuch (ca. 65 × 65 cm) und evtl. 1 alter Hut; für die Spielleitung 1 dunkles Tuch (ca. 140 × 140 cm) und 1 alter Hut

Vorbereitung

Die Spielleitung kopiert den Stern möglichst groß auf den gelben Tonkarton und schneidet ihn aus. Im Raum stellt sie die Krippe auf und verteilt an einer anderen Stelle noch ein paar Schafe. Sie setzt sich einen Hut auf und legt ein Tuch wie einen Umhang um die Schultern, dessen beide Enden sie am Hals verknotet. Das Gleiche können auch die Kinder machen.

Spielverlauf

Die Kinder spielen Hirten, die auf dem Feld ihre Schafe hüten. Die Spielleitung hält den Stern gut sichtbar in die Luft und verkündet die frohe Botschaft. Sie teilt den Kindern mit, dass der Heiland geboren ist und sie nur dem Stern bis zur Krippe folgen müssen.

Die Kinder gehen rasch der Spielleitung hinterher, die das Lauftempo ganz nach Belieben steigert.

Konnten sich alle Kinder warm laufen, geht es in Richtung Krippe.

Die Kinder bilden einen Kreis um die Krippe herum und nehmen voller Freude das Jesuskind in Augenschein.

Der kleine Schneehase

Alter: ab 3 Monaten
Material: 1 Lammfell o. Ä.; 1 kuschelige
Babydecke

Vorbereitung

Die Spielleitung legt das Baby auf einer weichen Unterlage auf den Rücken. Sie zieht es nach Möglichkeit bis auf die Unterwäsche aus.

Spielverlauf

Die Spielleitung liest den Text langsam und nicht zu laut vor und führt dazu die folgenden Bewegungen aus:
„Wer läuft denn da im Schnee?
Ist es vielleicht ein Reh?"
(Beide Beine des Kindes abwechselnd leicht beugen und strecken.)
„Es ist ein kleiner Schneehase,
springt und schnuppert mit der Nase."
(Die Beine etwas schneller abwechselnd beugen und strecken. Mit dem Zeigefinger auf die Nase des Kindes tippen.)
„Bleibt stehen und reckt sich,
bleibt stehen und streckt sich."
(Beide Unterarme abwechselnd beugen und strecken.)
„Dann läuft er ganz schnell wieder weg.
Suchen hat jedoch keinen Zweck!"
(Die Beine abwechselnd schnell beugen und strecken.)
„Nun ist das Schneehasenspiel aus
Ruh' dich etwas aus, kleine Maus!"
(Über den Kopf streicheln.)
Die Spielleitung hüllt das Kind mollig ein und zieht es schließlich wieder an.

Warme Wintersachen

Bei dem folgenden Spiel lernen die Kinder bewusst warme Kleidungsstücke kennen und benennen, die sie brauchen, sobald es draußen kalt wird.

Alter: ab 2,5 Jahren
Material: 1 Trommel; 5 Gymnastikreifen;
1 Winterjacke; 1 Paar Winterschuhe;
1 Wollschal; 1 Paar Handschuhe;
1 Wollmütze

Vorbereitung

Die Spielleitung verteilt die Reifen in einem überschaubaren Spielfeld. In jeden Reifen legt sie etwas zum Anziehen.

Spielverlauf

Die Spielleitung geht gemeinsam mit den Kindern zu den einzelnen Reifen, um die Kleidungsstücke zu begutachten. Wissen die Kinder, was sich in den Reifen befindet und wie die Kleidungsstücke heißen, geht's los.
Zum Rhythmus der Trommel laufen alle Kinder um die einzelnen Reifen herum.
Stoppt das Trommelspiel, sucht sich jedes Kind einen beliebigen Reifen. Stehen alle Kinder vor einem Reifen, ruft die Spielleitung laut:
„Heute ist es sehr kalt. Was soll ich anziehen?"
Die Kinder benennen das Kleidungsstück, das in ihrem Reifen liegt.
Konnten alle Kinder richtig Antwort geben, trommelt die Spielleitung erneut, zu dessen Rhythmus sich wieder alle Kinder um die Reifen bewegen.

Schneesturm oder Sonnenschein?

Die Sonne scheint. Alle Eskimos gehen nach draußen, um das schöne Wetter zu genießen. Irgendwann jedoch kommt ein Schneesturm auf, sodass sie schnell zu ihren Iglus zurückkehren müssen.

Alter: ab 2,5 Jahren
Material: 1 Handtrommel; 4–5 Tische; 4–5 große Leintücher

Vorbereitung

Die Spielleitung verteilt die Tische im Raum, über die sie jeweils ein großes Leintuch ausbreitet. Diese stellen die Iglus dar.

Spielverlauf

Zum Rhythmus des Trommelspiels, das durch die Spielleitung erfolgt, laufen alle Eskimo-Kinder um die „Iglus" herum.
Stoppt das Trommeln, ruft die Spielleitung z. B. „Schneesturm!"
In diesem Fall müssen alle Kinder so schnell wie möglich in Richtung eines „Iglus" laufen, um sich in Sicherheit zu bringen.
Dagegen dürfen sie bei Sonnenschein vergnügt im Raum umherspringen. Trommelt jedoch die Spielleitung wieder rhythmisch, beginnt eine neue Spielrunde mit viel Sonnenschein.

Fuchs und Schneehase

Der Schneehase lebt u. a. in den Alpen und bekommt im Winter ein schneeweißes Fell. Er hat viele natürliche Feinde, wie z. B. Luchs, Fuchs und Schneeeule.

Alter: ab 2,5 Jahren
Material: Stoppuhr oder Uhr mit Sekundenzeiger; Trillerpfeife

Mit Ausnahme eines Kindes bilden alle einen großen Kreis.
Ein Kind läuft im Außenkreis links herum und spielt einen Schneehasen, der etwas übermütig gleich ein Fuchs-Kind zum Hinterherlaufen auffordert. Es tippt dazu einem Kind auf die Schultern und ruft:
„Fang mich doch, Fuchs!"
Das betreffende Kind nimmt sofort die Verfolgungsjagd auf und läuft dem Schneehasen hinterher, der nun kreuz und quer im Raum herumläuft und dabei Haken schlägt.
Die Spielleitung pfeift das Spiel nach einer Minute ab. Sollte jedoch der Fuchs den Schneehasen vorher schnappen, darf er in der nächsten Spielrunde den Schneehasen spielen. Ansonsten wählt die Spielleitung ein anderes Schneehasen-Kind aus.

Winterwald entdecken

Alter: ab 9 Monaten
Material: großes weißes Leintuch; Zapfen; Baumrinde; kleine weiße Softbälle oder weiche Kugeln (z. B. aus Styropor)

Vorbereitung

Die Spielleitung breitet ein großes Leintuch auf dem Boden aus, auf dem sie Zapfen, Baumrinde und weiße Softbälle, die den Schnee darstellen, verteilt. Fertig ist der Winterwald!

Spielverlauf

Je nachdem, wie groß das Leintuch ist, krabbeln ein bis drei Kinder auf dem Tuch herum. Die Hindernisse, die auf dem Tuch liegen, stellen für die Kleinen eine große Herausforderung dar. Die Kinder krabbeln um die Hindernisse herum oder darüber hinweg. Sie tasten die Sachen ab und nehmen sie in Augenschein. Die Spielleitung, die außerhalb des Tuches sitzt, lockt gegebenenfalls die Kinder zu sich her.

Draußen ist es bitterkalt!

Alter: ab 2 Jahren
Material: Handtrommel

Zum Rhythmus des Trommelspiels, das durch die Spielleitung erfolgt, laufen alle Kinder durch den Raum. Stoppt das Trommelspiel, bleiben alle Kinder stehen, um mit ihren Händen auf ihren Oberschenkeln, Armen usw. zu reiben, sodass es ihnen durch das Reiben gleich viel wärmer wird. Danach fängt das Trommelspiel wieder an, zu dessen Rhythmus wieder alle Kinder durch den Raum laufen. Auf diese Weise wird das Spiel so lange weitergeführt, bis alle Kinder sich so richtig warm laufen konnten.

Variante
für Kinder ab 2,5 Jahren

Sobald das Trommelspiel stoppt, laufen immer zwei Kinder aufeinander zu, um sich gegenseitig zu umarmen und somit zu wärmen.

Zugvögel

Im Herbst fliehen Stare, Nachtigallen, Störche und andere Zugvögel vor dem kalten Winter. Werden wohl alle Zugvögel bei diesem Spiel in einem warmen Land, wie z. B. Afrika, ankommen?

Alter: ab 2 Jahren
Material: Handtrommel; Triangel; pro Kind 2 farbige Chiffontücher o. Ä.

Vorbereitung

Die Spielleitung bindet jedem Kind zwei farbige Chiffontücher um die Arme. Fertig sind die Flügel!

Spielverlauf

Die Spielleitung geht durch den Raum und trommelt einen Rhythmus, zu dem die Kinder durch den Raum laufen. Dabei machen sie mit ihren Armen Flügelbewegungen.

Sobald jedoch die Spielleitung den Triangel immer wieder anschlägt und dabei stehenbleibt, wissen die Zugvögel-Kinder, dass ihr Ziel nicht mehr weit ist. Sie laufen in Richtung der Spielleitung und ruhen sich dort in der „Sonne" aus, die der Klang des Triangel darstellt.

Erst wenn alle Kinder das Ziel erreicht haben, ist das Spiel beendet.

Klingende Advents- und Wintergeschichten

Klanggeschichten, Finger- und Kniereiterspiele

Kinder lieben Klanggeschichten, vor allem, wenn sie sie mithilfe von einfachen Rhythmusinstrumenten oder mit ihrem eigenen Körper als Instrument im Spielkreis begleiten dürfen. Auch Fingerspiele bereiten ihnen gerade auch in der schönsten Zeit des Jahres ein großes Vergnügen. Sie können mit einem Kind oder mit mehreren Kindern schnell und einfach fast überall durchgeführt werden. Besonders große Freude haben die Kleinsten jedoch an Kniereiterspielen, die aus kurzen Versen oder leicht zu erlernenden Liedern bestehen. Auf dem Schoß eines Erwachsenen, der ihnen vertraut ist und dabei den Rücken stützt, fühlen sie sich sehr wohl, sodass sie gleich motiviert mitmachen.

Die nachfolgenden Klanggeschichten, Finger- und Kniereiterspiele haben einiges gemeinsam: Sie machen Spaß, fördern das Rhythmusgefühl, die Motorik und trainieren das Gedächtnis. Sie können jederzeit zwischendurch oder ganz gezielt, z. B. als Einstieg für weitere schöne Spiele und Angebote rund um die Advents- und Winterzeit, eingesetzt werden.

Hurra, bald ist Nikolausabend da!

Aus einem klassischen Nikolauslied kann so wie hier im Handumdrehen ein schönes Knie-reiterspiel werden.

Alter: ab 1 Jahr
Lied: „Lasst uns froh und munter sein"
(→ S. 8)

Die Spielleitung nimmt das Kind auf den Schoß. Sie schaut ihm in die Augen und liest oder singt die erste Strophe und den Refrain des Liedes „Lasst uns froh und munter sein". Dabei bewegt sie ihre Oberschenkel auf und ab.
Kaum ist der Refrain beendet, ruft sie laut: „Hurra!" Dabei hebt sie das Kind etwas in die Luft und setzt es schließlich wieder auf ihre Oberschenkel.
Auf diese Weise macht sie das Kniereiterspiel so lange weiter, bis das Lied beendet ist.

Variante für Kinder ab 6 Monaten

Das Kniereiterspiel verläuft so wie oben dar-gestellt, jedoch ohne „Hurra!" und die damit verbundenen Bewegungsabläufe.

Adventskranz

Alter: ab 2,5 Jahren
Material: pro Kind 1 kleine Glocke; 1 Handtrommel

Die Kinder bilden einen Sitzkreis. Die Spiel-leitung legt direkt vor jedes Kind ein Glöck-chen. Es folgt die Klanggeschichte mit den ent-sprechenden Bewegungsabläufen:

„Unser Kranz hat vier Kerzen und nicht mehr. Du kannst die Kerzen zählen, bitte sehr!"
(Die Kinder zählen jeden der vier Trommel-schläge genau mit, die durch die Spielleitung erfolgen.)
„Am 1. Sonntag zünde ich die erste Kerze an. Am 2. Sonntag zünde ich die zweite Kerze an."
(Erst einmal, dann zweimal mit einer Hand über die Handfläche der anderen reiben.)
„Am 3. Sonntag zünde ich die dritte Kerze an. Am 4. Sonntag zünde ich die vierte Kerze an."
(Erst dreimal, dann viermal mit einer Hand über die Handfläche der anderen reiben.)
„Leuchten die vier Kerzen hell und weit. Dann ist sie da, die Weihnachtszeit!"
(Die Spielleitung trommelt viermal kurz hin-tereinander. Zum Schluss läuten die Kinder mit ihren Glöckchen die Weihnachtszeit ein.)

„Durch unseren Schornstein kommt dann
der gute alte Weihnachtsmann."
(Die Knie langsam öffnen und das Kind gut
festhalten.)
„Plumps, da sitzt er in unserem Haus.
und holt die Geschenke heraus."
(Das Kind behutsam in Richtung Boden führen. Kurz bevor es mit dem Po den Boden
berührt, wieder die Beine nebeneinanderstel-
len und das Kind auf den Schoß setzen.)

Weihnachtsmäuse

Alter: ab 1,5 Jahren

Die Spielleitung spricht den folgenden Text
und führt die passenden Fingerbewegungen
dazu aus.

„Auf dem großen Küchentisch,
liegen die Plätzchen ganz frisch!"
(Mit dem rechten Zeigerfinger auf die imagi-
nären Plätzchen tippen, die sich auf dem Tisch
bzw. auf der Handfläche befinden.)
„Jede kleine Maus will eines haben,
denn sie brauchen etwas für den Magen."
(Eine Faust bilden, den Daumen ausstrecken
und kreisförmig mit der flachen Hand den
Bauch reiben.)
„Jede kleine Maus holt sich heimlich eins
und sagt schließlich leis': Das ist nun meins!"
(Eine Faust bilden und den Daumen ausstrecken.)
So sind wohl alle Kinder zur Weihnachtszeit,
sobald es nach Plätzchen duftet weit und breit.
(Alle zehn Finger vergnügt zappeln lassen und
den Zeigefinger auf die eigene Nase tippen.)

Zu Besuch bei Santa Claus

Beim folgenden Kniereiterspiel erfährt das
Kind, wie der englischstämmige Weihnachtsmann bzw. Santa Claus mit seinem Rentierschlitten durch die Lüfte fliegt und über den
Schornstein ins Haus kommt, um die Kinder
am 25. Dezember zu bescheren.

Alter: ab 9 Monaten

Das Kind sitzt auf dem Schoß der Spielleitung.
Während sie den folgenden Vers spricht, führt
sie die dazu passenden Bewegungen aus.

„Schnell, schnell, ja so schnell wie der Wind
ist der Rentierschlitten, mein Kind."
(Oberschenkel rasch auf und ab bewegen.)

Vier Kerzen

Alter: ab 1 Jahr

Die Spielleitung spricht das folgende Gedicht und führt die passenden Fingerbewegungen dazu aus.

„Schau, die erste Kerze brennt.
Schau, die zweite Kerze brennt.
Schau, die dritte Kerze brennt.
Schau, die vierte Kerze brennt."
(Eine Faust bilden und der Reihe nach den Zeige-, Mittel- und Ringfinger und schließlich den kleinen Finger ausstrecken.)
„Jetzt ist es bald soweit.
Es kommt die Weihnachtszeit!"
(Beide Arme vor Freude in die Luft strecken.)

Wer weiß es?

Bevor die Kinder das Fingerspiel durchführen, müssen die Kinder ein paar Dinge kennen, die zur Adventszeit passen.

Alter: ab 2 Jahren
Material: verschiedene Dinge, die man in der Adventszeit zu sehen bekommt (z. B. Adventskranz, Strohsterne, Weihnachtkugeln, Lebkuchenverpackung und Plätzchen auf einem Teller)

Die Kinder sitzen im Stuhlkreis beisammen, in dessen Mitte die Spielleitung ein paar der o. g. Dinge legt. Wissen die Kinder, wie die Sachen heißen, führt die Spielleitung mit den Kindern folgendes Fingerspiel durch:

„Was gibt es in der Vorweihnachtszeit?
Was gibt es zu sehen weit und breit?"
(Eine Hand an die Stirn halten und nach den adventlichen Dingen und Leckereien aus der Weihnachtsbäckerei Ausschau halten.)
Der Erste sagt: *„Einen Adventskranz!"*
(Eine Faust bilden und ausgehend vom Daumen bei jeder Antwort der Reihe nach einen weiteren Finger ausstrecken. Nach jeder Antwort wieder die beiden Fragen stellen und dabei eine Hand an die Stirn halten:)
„Was gibt es in …?
Was gibt es zu sehen …?"
Der Zweite sagt: *„Strohsterne!"*
„Was gibt es in …?
Was gibt es zu sehen …?"
Der Dritte sagt: *„Weihnachtskugeln!"*
„Was gibt es in …?
Was gibt es zu sehen …?"
Der Vierte sagt: *„Lebkuchen!"*
„Was gibt es in …?
Was gibt es zu sehen …?"
Der Fünfte sagt: *„Plätzchen!"*

Hinweis

Die Kinder sollen nach Möglichkeit selbstständig antworten. Die Antworten oben sind lediglich Beispiele.

Backe, backe Weihnachtskuchen!

Wird der Text des altbekannten Kinderliedes „Backe, backe Kuchen" etwas verändert, entsteht eine adventliche Klanggeschichte.

Alter: ab 2,5 Jahren
Material: für 2 bis 3 Kinder je ein bestimmtes Rhythmusinstrument (z. B. Schellenkranz, Klangstäbe, Rassel, Holzblocktrommel, Handtrommel, Schellentrommel, Triangel); evtl. 1 Lammfell o. Ä.
Lied: „Backe, backe Kuchen" (vermutlich aus Sachsen und Thüringen vor dem Jahr 1840)

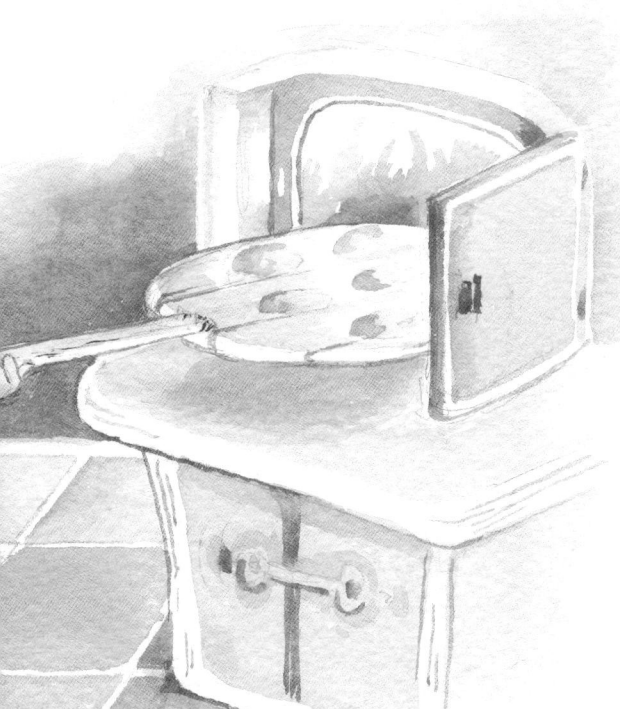

Für dieses Spiel werden insgesamt sieben verschiedene Rhythmusinstrumente im Stuhlkreis benötigt, die, falls mehr als sieben Kinder mitmachen, auch mehrfach vorkommen können. Die Spielleitung liest den folgenden Text laut vor.

„Backe, backe Kuchen, der Weihnachtsbäcker hat gerufen, wer will guten Weihnachtskuchen backen,"
(Zu jeder Silbe auf die beiden Oberschenkel patschen.)
„der muss haben sieben Sachen:
Eier und Schmalz, Vanille und Salz,
Milch und Mehl,
Safran macht den Kuchen gehl."
(Bei jeder Zutat deutet die Spielleitung auf ein Kind, das sein Instrument einmal kurz erklingen lässt. Alle Kinder, die das gleiche Instrument in den Händen halten, machen gleich mit.)
„Schieb, schieb, in'n Ofen nein, der Weihnachtskuchen wird bald fertig sein."
(Zu jeder Silbe auf die Oberschenkel patschen.)

Variante für Kinder ab 6 Monaten

Das Kind liegt mit dem Rücken auf einer weichen Unterlage. Die Spielleitung spricht den Text vor, umfasst behutsam die beiden Hände des Kindes, die sie sanft zu jeder Silbe gegeneinander patscht.

Weihnachtsbaum schmücken

Für diese Klanggeschichte sollte möglichst jedes Kind ein Instrument erhalten.

Alter: ab 2,5 Jahren
Material: 1 Klangschale; 1 oder mehrere Triangeln; 1 Glockenspiel; 2 oder mehrere Glöckchen; 1 Paar oder mehrere Paare Klanghölzer

Vor Beginn des Spiels verteilt die Spielleitung die verschiedenen Instrumente an die Kinder und bespricht mit ihnen, wie damit bei der folgenden Klanggeschichte musiziert wird.

„Lasst uns schmücken den Weihnachtsbaum.
Er soll schöner sein als im Traum.“
(Klangschale anschlagen.)
„An die Zweige kommen Sterne,
die habe ich wirklich gerne!“
(Triangel(n) mehrmals anschlagen.)
„Weihnachtskugeln mag ich sehr!
Davon gerne ein paar mehr!“
(Auf dem Glockenspiel ein paar Töne anschlagen.)
„Glöckchen finde ich ganz fein!
Es sollen ruhig viele sein!“
(Ein paar Glöckchen erklingen lassen.)
„Und zum Schluss all die schönen Kerzen,
erfreuen alle unsere Herzen.“
(Klanghölzer erklingen lassen.)
„Ach, wie schön ist der Weihnachtsbaum,
er ist viel schöner als im Traum!“
(Klangschale anschlagen.)

Hurra, es schneit!

Diese Klanggeschichte wird im Sitzkreis durchgeführt, in dessen Mitte sich ein Kind vor dem Glockenspiel hinkniet. Der Schnee bzw. das Instrument ist so für alle Kinder gut sichtbar. Zwei Kindern im Kreis gibt die Spielleitung die Handtrommel und die Klangschale.

Alter: ab 2,5 Jahren
Material: Glockenspiel; Handtrommel; Klangschale

„Hurra, es schneit! Ich freue mich!
Viel Schnee gibt es für mich und dich!"
(Ein älteres Kind schlägt ein paar Töne auf dem Glockenspiel an.)
„Eine Schneedecke ist zu sehn'.
Unsere Füße sind schwer beim Gehn'."
(Alle stampfen auf den Boden.)
„Hurra, es schneit! Ich freue mich!
Viel Schnee gibt es für mich und dich!"
(Siehe oben).
„Wir bauen einen dicken Schneemann.
Scheint die Sonne, was passiert wohl dann?"
(Ein Kind reibt mit der Handfläche kreisförmig auf der Handtrommel. Ein weiteres Kind schlägt die Klangschale an.)
Zum Schluss dürfen die Kinder die Frage beantworten.

Schnee, Schnee ...

Das folgende Kniereiterspiel kann mehrmals wiederholt werden.

Alter: ab 1 Jahr

„Hallo, du kleine Maus!
Komm' aus dem Haus heraus!"
(Das Kind auf den Schoß setzen, Knie öffnen und das Kind zwischen den Beinen festhalten und zwar so, dass es fast mit dem Po den Boden berührt. Das Kind wieder auf den Schoß setzen.)
„Überall liegt ganz viel Schnee.
Ganz egal wohin ich seh'."
(Die Beine sind dicht nebeneinander. Zu jeder Silbe die Oberschenkel auf und ab bewegen.)
„Hallo, du kleine Maus!
Komm' aus dem Haus heraus!"
(Die Knie wieder öffnen und das Kind zwischen den Beinen festhalten, und zwar so, dass es mit dem Po wieder fast den Boden berührt. Am Ende das Kind wieder auf den Schoß setzen.)

Schneeflocken fallen

Die Kinder sitzen am besten im Kreis beisammen und machen alles so gut wie möglich mit.

Alter: ab 1 Jahr

„Leise, leise, leise ganz leise
gehen die Flöckchen auf die Reise."
(Die Finger, die Schneeflocken darstellen, in der Luft zappeln lassen.)
„So wie kleine Regentröpfchen,
fallen sie auf unser Köpfchen."
(Mit den Fingerspitzen auf den Kopf tippen.)
„Ganz weiß wird bald die Erde sein,
ja, so soll es im Winter sein!"
(Mit der Hand über die andere Handfläche reiben.)
„Leise, leise, leise, ganz leise
gehen die Flöckchen auf die Reise."
(Siehe oben.)

Mein Schneemann

Wie sieht ein Schneemann eigentlich aus? Falls draußen Schnee liegt, sollte die Spielleitung mit den Kindern erst einmal einen Schneemann bauen, bevor sie, am besten im Spielkreis, den Kindern das hier aufgeführte Fingerspiel vorstellt.

Alter: ab 1 Jahr

Die Spielleitung spricht das folgende Gedicht und führt die passenden Fingerbewegungen dazu aus.

„Das ist mein Schneemann.
Das ist mein Schneemann."
(Eine Faust bilden und den Daumen ausstrecken. Dabei zweimal mit dem Zeigefinger der anderen Hand auf den ausgestreckten Daumen deuten.)
„Er hat Augen, Nase und Mund.
Er ist groß und ganz kugelrund."
(Mit dem Zeigefinger vorsichtig auf Augen, Nase und Mund tippen.)
„So ist mein Schneemann.
So ist mein Schneemann."
(Siehe oben.)

Kinder, was macht ihr im Winter?

Bei der folgenden Klanggeschichte lernen die Kinder ganz bewusst verschiedene Dinge kennen, die sie im Winter machen können. Zuvor sollten die Kinder im Spielkreis ein paar dazu passende Sachen aufzählen (z. B. Schneemann bauen, eine Schneeballschlacht oder Schneewanderung machen etc.).

Alter: ab 2,5 Jahren
Material: Glockenspiel; Handtrommel

„Im Winter, im Winter, im Winter,
was machen da bloß alle Kinder?"
(Ein Kind spielt ein paar Töne auf dem Glockenspiel, die die Schneeflocken darstellen. Währenddessen tippen die übrigen Kinder mit ihren Fingern auf ihren Kopf.)
„Sie holen ihren Schlitten im Winter
Schau, wie schnell sie nur rodeln, die Kinder!"
(Ein Kind reibt mit den Fingerspitzen auf der

Handtrommel. Alle anderen Kinder reiben mit den Fingerspitzen auf ihren Oberschenkeln hin und her.)

„Im Winter, im Winter, im Winter,
was machen da bloß alle Kinder?"
(➜ S. 32 u.)

„Sie formen kleine Bälle im Winter.
So werfen sie Schneebälle im Winter!"
(Ein Kind reibt mit der Handfläche kreisförmig auf der Handtrommel. Die übrigen Kinder reiben mit der Handfläche kreisförmig auf ihren Oberschenkeln. Während nun das Kind trommelt, klatschen alle anderen Kinder in ihre Hände.)

„Im Winter, im Winter, im Winter,
was machen da bloß alle Kinder?"
(➜ S. 32 u.)

Bestimmt fallen den Kindern noch weitere Dinge ein, die sie im Winter machen und musikalisch darstellen können. Falls nicht, kann die Spielleitung ein paar Tätigkeiten (z. B. Ski fahren) erst einmal pantomimisch vorstellen, die die Kinder erraten dürfen.

Schlitten fahren

Die unten aufgeführte Klanggeschichte eignet sich hervorragend für einen Sitzkreis. Besonders schön ist es, wenn die Kinder auf ihren Schlitten im Kreis sitzen dürfen.

Alter: ab 2 Jahren
Material: pro Kind und Spielleitung
1 Handtrommel; evtl. für 1–4 Kinder
1 Schlitten

„Schlitten, Schlitten fahr ich.
Schlitten fahren mag ich!"
(Mit den Fingerspitzen auf der Trommel hin
und her reiben.)
„Drum lass dich nicht bitten.
Fahr' mit uns gleich Schlitten!"
(Zu jeder Silbe einmal leise trommeln. Zum
Schluss ein kurzer lauter Trommelschlag.)
„Fahren wir den Berg herunter,
werden alle gleich putzmunter."
(Mit den Handflächen auf der Trommel hin
und her reiben.)
„Eine Kurve, dann geradeaus.
Jetzt sind die Kinder wieder zu Haus'."
(Kreisförmig und dann hin und her auf der
Trommel reiben.)

Im Winterwald

Das unten aufgeführte Fingerspiel eignet sich
besonders gut, sobald es draußen geschneit
und die Bäume weiß „überzuckert" sind.

Alter: ab 1 Jahr

„Im Winterwald, im Winterwald,
da ist es wunderschön und kalt."
(Sich selbst umarmen.)
„Schau dort drüben im Schnee
da läuft ein kleines Reh."
(Mit dem Zeige- und Mittelfinger auf dem
Oberschenkel spazieren gehen.)
Im Winterwald, im Winterwald,
da ist es wunderschön und kalt."
(Sich selbst umarmen.)

Fröhliche Schlittenfahrt

Jetzt geht's rund! Mithilfe des folgenden Knie-
reiterspiels dürfen die Kinder nun gleich eine
rasante „Schlittenfahrt" machen. Damit jedes
Kind weiß, wie ein Schlitten aussieht, bietet es
sich an, das Kniereiterspiel auf echten Schlit-
ten durchzuführen, die kreisförmig angeordnet
werden.

Alter: ab 1 Jahr
Material: evtl. 1 Schlitten

„Überall liegt ganz viel Schnee,
ganz egal wohin ich seh'."
(Eine Hand an die Stirn und so nach dem
Schnee Ausschau halten.)
„Nimm den Schlitten mit, mein Kind!
Wir sind so schnell wie der Wind."
(Beide Oberschenkel auf und ab bewegen.)
„Schlitten fahren macht viel Spaß!
Deshalb geben wir viel Gas!"
(Siehe oben).
„Rechts geht es weiter und dann?
Es geht nach links irgendwann."
(Beide Oberschenkel nach rechts und dann
nach links neigen.)
„Dann geht es geradeaus.
Wir fahren schnell bis nach Haus."
(Beide Oberschenkel unaufhörlich auf und ab
bewegen.)
„Die Schlittenfahrt ist jetzt leider aus!
So schnell waren wir noch nie zu Haus!"
(Das Kind ruhig auf dem Schoß sitzen lassen.)

Hurra, der Nikolaus ist da!

Kleine Nikolausfeier im Bewegungsraum

Die Kinder freuen sich jedes Jahr riesig auf den Nikolaustag. Der Hl. Nikolaus war zu seiner Zeit (vor etwa 1700 Jahren) ein sehr beliebter Bischof und wurde als Freund der Kinder und Seeleute bekannt. In Erinnerung an seine guten Taten wird er jedes Jahr am 6. Dezember, an seinem Todestag, geehrt.

In diesem Kapitel wird eine einfach umsetzbare Nikolausfeier vorgestellt, die den Kleinsten viel Spaß macht und ihrem natürlichen Bewegungsdrang gerecht wird. Sie bietet sich insbesondere für den Bewegungsraum an, in dem die nachfolgenden Praxisideen problemlos der Reihe nach durchgeführt, aber auch durch weitere Spiele aus diesem Buch oder eigene Ideen ergänzt oder ersetzt werden können. Die Spielaktionen sollen in erster Linie Spaß und den Nikolaustag zu etwas ganz Besonderem machen. Dabei kann der Nikolaus ganz nach Belieben als Anklopfer oder sogar tatsächlich während der Nikolausfeier erscheinen. Im letzten Fall sollte es jedoch eine Person sein, die die Kinder nicht kennen.

Vor dem Fest

Das Team richtet rechtzeitig ein kurzes Einladungsschreiben an die Eltern, um sie über das Vorhaben zu unterrichten. Da die Kinder noch nicht lesen können, wissen sie nicht, dass eine Nikolausfeier geplant ist.

Liebe Eltern!

Am 6. Dezember freuen sich alle Kinder riesig auf den Hl. Nikolaus, der natürlich auch zu uns (oder als Anklopfer) in die Einrichtung kommt.

Wir wollen die Kinder gerne mit einer kleinen Nikolausfeier überraschen, die am Nikolaustag, sobald die Kinder in der Einrichtung gefrühstückt haben, in unserem Bewegungsraum stattfindet.

Am 6. Dezember benötigen alle Kinder ihre Sportsachen. Wer möchte, kann ein paar Leckereien aus der Weihnachtsbäckerei mitbringen. Zu trinken gibt es Adventstee oder Kakao.

Sollten Sie hierzu noch Fragen haben, geben Sie uns bitte Bescheid.

Eine schöne Vorweihnachtszeit wünscht Ihnen und Ihrer Familie

(Unterschrift der ErzieherInnen)

Das goldene Buch

Material: altes dickes Buch, DIN A4; 1 Rolle Goldfolie; Schere; Klebefilm; 1 Blatt Papier in Weiß, DIN A4; Textmarker; Kugelschreiber; Lesezeichen

Die Spielleitung bindet das Buch mit der goldenen Folie ein, dessen Ecken sie mit etwas Klebefilm am Buch befestigt. Auf ein weißes Blatt Papier schreibt sie zu jedem Kind einen kurzen Text. Dabei schreibt sie nur solche Dinge auf, die die Kinder bereits gut können. Für einen raschen Überblick kennzeichnet sie die Vornamen der einzelnen Kinder mit einem Textmarker. Das Blatt legt sie in die Buchmitte. Zudem kann sie die Seite vorsichtig mit etwas Klebefilm auf die darunter liegende Buchseite kleben, sodass die neue Seite nicht aus dem Buch fallen kann. Damit jedoch der Nikolaus schnell das Blatt mit den Notizen findet, verwendet sie ein Lesezeichen.

Tisch decken (Nikolausfeier)

Material: pro Kind 1 kleiner Teller und 1 Kinder-Trinkbecher, 1 Serviette mit Nikolausmotiv und 1 Platzdecke (➔ S. 56); 3–4 Schwimmkerzen-Schalen (➔ S. 61); Wasser; pro Schwimmkerzenschale 4 Schwimmkerzen; Stabfeuerzeug; Adventstee; Isolierkannen; Kakao; Milch

Das Team stellt ein paar Tische zusammen, sodass alle Kinder beisammensitzen können. Auf den Tischen verteilen sie die Platzdecken, auf die sie dann jeweils einen Teller und einen Trinkbecher stellen.

Zwei bis drei adventlich verzierte Schalen, in denen sich Wasser und jeweils vier Schwimmkerzen befinden, verteilen sie ebentalls auf dem großen gedeckten Tisch.

Eine Person aus dem Team kocht den Adventstee und die Milch für den Kakao, die in Isolierkannen warmgehalten und serviert werden.

Nikolaussäckchen

Alter: ab 2 Jahren
Material: Filzreste in unterschiedlichen Farben; Bleistift; Schere; Kugelschreiber; Klebstoff, lösungsmittelfrei (speziell für Kleinkinder); pro Kind 1 kleiner Stoffsack mit Zugband, einige Walnüsse, 1 kleiner Apfel, 3 Mandarinen und etwas Schokolade; leerer Korb

Das Team zeichnet Sterne, Herzen, Fische, Bäume etc. auf die Filzreste und schneidet alles aus.

Die Kinder erhalten die Säckchen, die sie mit den Adventsmotiven aus Filz bekleben.

Das Team füllt sie heimlich mit Leckereien. In jedem Säckchen befindet sich der gleiche Inhalt.

Die Stoffsäckchen binden sie zu und legen sie allesamt in einen Korb.

Hinweis

Die älteren Kinder bekleben auch die Säckchen für die ganz Kleinen.

Das Fest beginnt

Nikolaus, wir helfen dir!

Der Nikolaus hat auf seinem Weg zu den Kindern leider einige von den leckeren Nüssen, Äpfeln und Mandarinen, die sich in seinem Nikolaussack befanden, verloren. Damit jedoch der Nikolaus die guten Gaben schnellstmöglich wieder erhält, braucht er viele helfende Hände.

Alter: ab 2 Jahren
Material: Walnüsse; Softbälle in Grün und Orange

Vorbereitung

Die Spielleitung verteilt die Walnüsse und die grün- und orangefarbenen Softbälle, die Äpfel und Mandarinen darstellen, im Bewegungsraum. Einen leeren Korb stellt sie in die Raummitte.
Die ahnungslosen Kinder ziehen ihre Sportsachen an.

Spielverlauf

Die Kinder bilden eine Schlange, die die Spielleitung anführt. Miteinander geht's in den Bewegungsraum. Die Spielleitung erklärt den Kindern, weshalb all die Leckereien auf dem Boden verteilt sind.
Auf ein Startkommando, das durch die Spielleitung erfolgt, laufen die Kinder los, um die Köstlichkeiten schnellstmöglich in den Korb zu legen.
Das Spiel ist aus, sobald alle Walnüsse und Softbälle im Korb liegen.

Die Spielleitung bedankt sich bei den kleinen HelferInnen und stellt den gefüllten Korb vor die Tür, damit ihn der Nikolaus abholen kann.

Variante für Kinder ab 1 Jahr

Das Spiel verläuft wie oben beschrieben. Allerdings nimmt das Team die Kinder an die Hand. Sie helfen fleißig beim Einsammeln der Sachen mit.

Stiefel putzen

Alter: ab 2 Jahren
Material: Handtrommel; pro Kind 1 Schuhputzlappen; Korb

Spielvorbereitung

Die Spielleitung verteilt überall auf dem Boden die Winterstiefel der Kinder, die noch nicht geputzt sind. Für jedes Kind legt sie einen Schuhputzlappen in einen Korb und stellt ihn in eine Ecke.

Spielverlauf

Die Spielleitung bildet mit den Kindern einen Kreis und erzählt den Kindern, dass der Nikolaus ein ganz lieber frommer alter Mann ist, der ein großes Herz für Kinder hat und ihnen am 6. Dezember bestimmt etwas Leckeres in den Stiefel steckt. Allerdings müssen hierfür die Stiefel erst einmal richtig blitzblank geputzt werden.
Die Spielleitung gibt jedem Kind einen Lappen. Zum Rhythmus des Trommelspiels laufen

alle Kinder um ihre Stiefel herum und winken sich gegenseitig mit ihren Lappen zu.

Stoppt das Trommeln, laufen alle Kinder zu ihren Schuhen, um sie zu putzen.

Ein bis zwei Teammitglieder sammeln die geputzten Schuhe ein und legen sie in den leeren Korb. Sie tragen ihn in die Garderobe, um die Schuhe schließlich heimlich mit Leckereien zu füllen.

Die Kinder laufen erneut im Takt zum Trommelspiel so lange durch den Raum, bis die Spielleitung mit dem Trommeln aufhört.

Variante für Kinder ab 1 Jahr

Das Spiel verläuft so wie oben beschreiben, jedoch nimmt das Team die Kinder an die Hand und sucht die Stiefel, die sie dann gemeinsam putzen.

Wer sitzt im Nikolaussack?

Alter: ab 2 Jahren
Material: großer Jutesack

Die Spielleitung bildet mit den Kindern gemeinsam einen Kreis und erzählt den Kindern, dass der Nikolaus viele gute Taten vollbracht und Wunder bewirkt hat. Er half z. B. einem Mann und seinen drei Kindern in ihrer Not. Er gab ihnen heimlich zu essen, schenkte ihnen Kleidung und Spielzeug. Bis zum heutigen Tag geht er von Haus zu Haus, um den Kindern eine kleine Überraschung aus seinem vollgepackten Sack zu geben.

Die Spielleitung zeigt den Kindern im Kreis einen großen Nikolaussack bzw. Jutesack, mit dem sie nun spielen dürfen:

Die Spielleitung wählt ein Kind aus, das sich vor ihr hinkniet, den Kopf in ihren Schoß legt und die Augen schließt. Sie deutet auf ein weiteres Kind, das ganz leise zu dem Sack geht. Es krabbelt in den Sack und zwar so, dass der Kopf nicht mehr hervorschaut.

Das Kind öffnet seine Augen, dreht sich um und schaut in die Runde. Weiß das Kind, wie das Kind, das sich im Sack versteckt hat, heißt? Falls nicht, darf das gesuchte Kind z. B. den Refrain des Nikolausliedes „Lasst uns froh und munter sein" (➜ S. 8) ganz laut summen oder sogar vorsingen.

Unabhängig davon, ob das 1. Kind die Antwort weiß oder nicht, tauscht es mit einem anderen Kind im Kreis den Platz, das gleich das nächste Kind, das sich im Sack versteckt hält, erraten darf.

Variante für Kinder ab 1 Jahr

Die Spielleitung hält den Sack oben fest und geht im Innenkreis herum. Sie hält den Sack direkt vor ein Kind und fragt die Gruppe: „Wer sitzt hinter dem Nikolaussack?" In diesem Fall darf auch das betreffende Kind antworten. Auf diese Weise wiederholt sie das Spiel ein paarmal.

Hinweis

Den Nikolaussack bringt der Nikolaus, falls er persönlich erscheint, mit. In diesem Fall legt das Team dann in den Sack ein paar Äpfel, Mandarinen und Nüsse.

Der Nikolaus ist fit!

Die Spielleitung erzählt den Kindern, dass der Nikolaus von weit her kommt. Um fit und beweglich zu bleiben, nimmt er hin und wieder seinen Nikolaussack und macht Gymnastik damit.

Alter: ab 2 Jahren
Material: pro Kind und für die Spielleitung 1 Turnsäckchen; evtl. CD-Player und CD mit einem Nikolauslied, z. B. „Lasst uns froh und munter sein!" (➜ S. 8)

Die Kinder stehen im Kreis.

Die Spielleitung teilt die Turnsäckchen aus und macht ein paar Bewegungen vor, welche die Kinder gleich nachmachen. Dabei kann sie z. B. das Säckchen auf die Kreisbahn legen und drum herum laufen oder das Säckchen einfach auf dem Kopf balancieren und die Arme langsam kreisen.

Bestimmt fallen den Kindern noch weitere Dinge ein, die sie miteinander gleich ausprobieren können.

Variante für Kinder ab 1 Jahr

Die Kinder sitzen mit ihren Säckchen auf der Kreisbahn. Die Spielleitung schaltet die Musik ein, zu dessen Rhythmus sie vom Platz aus auf der Kreisbahn das Säckchen schüttelt, mit den Füßen auf dem Säckchen stampft und vieles mehr. Die Kinder ahmen alles nach.

Lauter Hindernisse

Die Spielleitung erzählt den Kindern, dass der Nikolaus auf den Weg zu den Kindern so manches Hindernis überwinden muss. Was das alles sein kann, erfahren die Kinder beim folgenden Spiel.

Alter: ab 1,5 Jahren
Material: Handtrommel; verschiedene Hindernisse (z. B. Kriechtunnel, Weichbodenmatte, Kletterwand, Turnbank); einige Matten

Vorbereitung

Zwei bis drei Erwachsene bauen ein paar Hindernisse im Raum auf (→ siehe rechts). Um manche Hindernisse, wie z. B. um die Kletterwand und die Turnbank, legen sie zusätzlich weiche Matten.

Spielverlauf

Zum Rhythmus des Trommelspiels, das durch die Spielleitung erfolgt, laufen alle Kinder der Spielleitung hinterher.

Stoppt das Trommelspiel, bleiben sie stehen, da sie sich z. B. direkt vor einem Kriechtunnel (einer Höhle) befinden.

Sind die Kinder durch den Kriechtunnel gekrabbelt, setzt das Trommelspiel wieder ein. Im weiteren Verlauf könnten die Kinder nun:

✤ über eine Weichbodenmatte laufen, die einen Fluss darstellt und dabei mit den Armen Schwimmbewegungen machen
✤ ein paar Sprossen der Kletterwand (einen Berg) hochklettern
✤ über die Turnbank (Wackel-Brücke) krabbeln oder gehen.

Nach vier bis fünf Stopps ist die Reise des Nikolaus beendet. Die Spielleitung bildet nun mit den Kindern einen Sitzkreis. Alle ruhen sich aus und tun so, als ob sie müde seien und schließlich schlafen würden.

Kurz darauf klopft ein Erwachsener oder gar der Nikolaus kräftig gegen die Türe und läutet die Weihnachtsmann-Glocke. Erscheint der Nikolaus tatsächlich, öffnet er die Türe und betritt den Bewegungsraum.

Hallo, ich bin der Nikolaus!

Die Kinder machen folgendes Fingerspiel entweder gemeinsam mit dem Nikolaus oder, falls er nicht da sein sollte, mit der Spielleitung.

Alter: ab 2 Jahren

„Hallo, ich bin der Nikolaus!"
Ich gehe rasch von Haus zu Haus!"
(Eine Faust bilden und den Daumen ausstrecken, der den Nikolaus darstellt. Dann mit dem Daumen und Zeigefinger auf dem Oberschenkel spazieren gehen.)
„Ich habe alle Kinder gern
und komme zu euch von ganz fern."
(Mit dem Zeigefinger auf die einzelnen Kinder deuten. Dann eine Hand an die Stirn halten und in die Ferne schauen.)

„Leckere Sachen bringe ich euch allen mit.
Äpfel, Mandarinen und Nüsse halten fit!"
(Auf sich selbst deuten und schließlich auf die anderen deuten. Zum Schluss beide Arme anwinkeln und kurz anspannen.)

Nikolaustag

Alter: ab 1 Jahr

Die folgende Klanggeschichte liest die Spielleitung vor und macht die dazu passenden Geräusche, die die Kinder gleich nachmachen.

„Am 6. Dezember kommt der Nikolaus.
Er kommt zu allen Kindern direkt nach Haus."
(Sechsmal klatschen und dann mehrmals auf den Boden stampfen.)

„Er ist ein alter und lieber Mann,
den man einfach nur gern haben kann."
(Sich selbst umarmen und auf die Schultern
klopfen.)
„Nikolaus hat die Kinder gern.
Er kommt zu ihnen von ganz fern."
(Auf den Boden stampfen.)
„Er bringt auch uns bestimmt etwas Leckeres
mit. Äpfel, Mandarinen und Nüsse halten fit."
(Schmatzen.)
„Am 6. Dezember kommt der Nikolaus.
Er kommt zu allen Kindern direkt nach Haus."
(Sechsmal klatschen und dann mehrmals auf
den Boden stampfen.)

Nach der Klanggeschichte liest der Nikolaus
oder die Spielleitung, falls er nicht da sollte, aus dem goldenen Buch (➜ S. 37) vor.
Anschließend führt der Nikolaus oder die
Spielleitung die Gruppe zur Garderobe, wo
sich die mit Leckereien gefüllten Stiefel der
Kinder befinden.
Nach der Überraschung ziehen sich alle Kinder wieder um, damit sie gemeinsam im Gruppenraum Plätzchen essen und natürlich den
Adventstee und Kakao trinken können. Falls
der Nikolaus tatsächlich da sein sollte, wird er
von der Spielleitung zum Plätzchenessen und

Tee trinken eingeladen. In diesem Fall kann
der Nikolaus den Kindern am Tisch noch die
Leckereien aus seinem Sack geben. Danach
folgt das Abschlussspiel:

Wo ist die Nuss?

Alter: ab 1 Jahr
Material: pro Kind 1 Walnuss

Die Spielleitung hält eine Nuss gut versteckt
in der Hand und geht im Innenkreis herum.
Während sie nun die Unterarme abwechselnd
kreuzt, sagt sie Folgendes:

„Wo ist die Nuss?
Es ist gleich Schluss!"

Sie bleibt vor einem Kind stehen und streckt
die Fäuste dem Kind entgegen. Weiß das Kind,
in welcher Hand sich die Nuss befindet? Das
Kind gibt einen Tipp ab.
Wurde die Nuss gefunden, darf das Kind die
Nuss behalten.
Die Spielleitung wiederholt das Spiel mit einer
neuen Nuss. Erst wenn alle Kinder eine Nuss
erhalten haben, sagt die Spielleitung:

„Haben alle eine Nuss?
Dann ist wirklich Schluss.
Die Nikolausfeier ist aus!
Wir gehen jedoch nicht nach Haus!"

Die Spielleitung erklärt den Kindern, was sie
jetzt gleich miteinander machen, z. B. sich
warm anziehen, nach draußen gehen und im
Außenbereich der Einrichtung spielen.

Lichterglanz & Plätzchenduft

Spiele zum Lauschen, Staunen, Tasten und Riechen

Kinder brauchen von Geburt an Erfahrungen und Erlebnisse aus erster Hand, um sich ein Bild von sich selbst zu machen und ihre Welt zu entdecken und zu begreifen. Damit jedoch alle Sinne genügend Nahrung erhalten, dürfen nicht nur die Fernsinne (Hören & Sehen) einseitig beansprucht werden. Die Adventszeit ist hervorragend geeignet, um alle Sinne zu verwöhnen. Schon allein die Weihnachtsbäckerei bietet zahlreiche Möglichkeiten, um mit den Sinnen auf Entdeckungsreise zu gehen. Die Kinder können auch in der Winterzeit ihre Sinne schärfen und dabei so ganz nebenbei jede Menge lernen.

Im folgenden Kapitel werden zahlreiche Spiele zur Sinnesförderung rund um den Advent und Winter vorgestellt, bei denen jeweils ein bis zwei Sinne besonders gefördert werden. Auf diese Weise können die Kinder sich nicht nur spielerisch mit dem Thema „Advent und Winter" beschäftigen, sondern auch ganz gezielt die einzelnen Sinne, ihre Aufmerksamkeit und Konzentration schulen.

Adventliches entdecken

Förderung des Seh- und Tastsinns

Alter: ab 1,5 Jahren
Material: Kriechtunnel; ein paar Dinge passend zur Weihnachtszeit (z. B. Plüsch-Weihnachtsmann, unzerbrechliche Weihnachtskugel, Nikolaus-Stoffsäckchen); Spieluhr mit Weihnachtsmelodie

Die Spielleitung verteilt die o. g. Dinge im Kriechtunnel.
Sie zeigt den Kindern ein paar Sachen, die sie dann in den Tunnel legt.
Die Kinder dürfen der Reihe nach durch den Tunnel krabbeln und auf Entdeckungsreise gehen. Sie tasten die einzelnen Sachen ab und nehmen vielleicht sogar etwas mit, das ihnen besonders gut gefällt.

Variante
Förderung des Tast- und Hörsinns

Die Spielleitung sitzt vor einem Ende des Tunnels und stellt eine Spieluhr hinter ihrem Rücken auf, sodass die Kinder die Spieluhr nicht gleich sehen können. Die Kinder kriechen der Reihe nach durch den Tunnel bis zur Spieluhr, die hinter ihr erklingt. In diesem Fall bleibt der Tunnel jedoch ohne Inhalt.

Was steckt im Stiefel?

Förderung des Tastsinns

Alter: ab 1 Jahr
Material: 5–6 Winterstiefel mit jeweils einer kleinen Überraschung (z. B. Strohstern, Herz oder unzerbrechliche Weihnachtskugel)

Die Spielleitung steckt in jeden Stiefel eine kleine Überraschung.
Die Kinder sitzen im Kreis, um die Stiefel herum. Wer traut sich in Richtung Kreismitte zu krabbeln und mit einer Hand in einen der Stiefel zu greifen? Vielleicht können die Kinder bereits den Gegenstand im Stiefel ertasten und benennen.
Falls nicht, holen sie einfach die Sachen heraus und zeigen sie der Gruppe, die bestimmt weiterhelfen kann.

Riechst du den Lebkuchen?

Förderung des Geruchs- und Geschmackssinns

Alter: ab 2 Jahren
Material: Augenbinde; Tüte mit Lebkuchenkerzen o. Ä.; Servietten

Bevor die Kinder leckere Lebkuchen, z. B. zum Nachtisch, erhalten, können sie das folgende Spiel durchführen.
Alle Kinder mit Ausnahme von einem sitzen im Stuhlkreis und erhalten jeweils eine Serviette, die sie auf ihre flachen Hände legen.

Die Spielleitung verbindet einem Kind die Augen und legt einem anderen ein Lebkuchenherz auf die Serviette. Sie führt das Kind der Reihe nach zu den einzelnen Kindern, damit es den Lebkuchen am Duft erkennen kann. Weiß das Kind, auf welcher Serviette sich der Lebkuchen befindet?

Unabhängig davon, ob das Kind richtig geraten hat oder nicht, nimmt es seine Augenbinde ab. Es darf das Lebkuchenherz verspeisen. Weiß das Kind vielleicht auch, ob der Lebkuchen süß, salzig, sauer oder gar bitter schmeckt?

Eine neue Spielrunde mit einem weiteren Kind beginnt, das sich nun die Augen von der Spielleitung verbinden lässt.

Wo ist das Nikolaussäckchen?

Förderung des Tast- und Geschmackssinns

Alter: ab 2,5 Jahren
Material: kleiner Adventsteller; Augenbinde; Nikolaussäckchen; Leckereien (z. B. Plätzchen, Schokolade, Mandeln, Walnusskerne); evtl. 1 kleines Windlicht, glasklar (passend für kleine Teelichter); Glasmalfarben, Pinsel; 1 LED-Teelicht

Vorbereitung für die Variante
„Zünde die Kerze an!" (→ S. 9)

Dieses Spiel verläuft so ähnlich wie das altbekannte Kinderspiel „Topfschlagen".

Alle Kinder bilden einen Sitzkreis. Die Spielleitung legt heimlich eine bestimmte Köstlichkeit in das Säckchen und wählt ein Kind aus, dem es die Augen verbindet. Das Säckchen legt sie in den Innenkreis und erzählt den Kindern, dass der Nikolaus unterwegs ein kleines Säckchen verloren hat.

Das Kind, das die Augen verbunden hat, kniet sich auf den Boden und macht sich sofort auf die Suche. Krabbelt es in Richtung des Säckchens, rufen alle übrigen Kinder „Warm!" oder „Heiß!" Sobald es sich jedoch wieder vom Säckchen entfernt, rufen alle Kinder „Kalt!"

Erst wenn das Kind das Säckchen in den Händen hält, darf es in die Öffnung greifen und den Inhalt verspeisen. Weiß das Kind, welche Leckerei es gerade im Mund hat? Die Gruppe teilen ihm mit, ob es richtig geraten hat.

Das Kind nimmt seine Augenbinde ab und wechselt den Platz mit einem anderen Kind. Eine neue Spielrunde beginnt.

Variante (Windlicht)

Förderung des Sehsinns

Der Raum wird etwas abgedunkelt. Ein Kind schließt die Augen. Die Spielleitung versteckt im Kreis das Windlicht.

Das Kind öffnet seine Augen und macht sich auf die Suche. Je nachdem, wo das Kind gerade steht, ruft die Gruppe entweder *„Kalt!",* *„Warm!"* oder gar *„Heiß!"*

Wurde das Windlicht gefunden, beginnt mit einem weiteren Kind eine neue Spielrunde.

Weihnachtsmäuse und die Plätzchen

Förderung des Geruchs- und Geschmacksinns

Alter: ab 1 Jahr
Material: Weihnachtsgebäck (z. B. Dose mit Vanillekipferln, Nussecken, Zimtsternen, Lebkuchenherzen und Dominosteinen); Plätzchenteller

Die Spielleitung legt verschiedene Köstlichkeiten aus der Weihnachtsbäckerei auf den Plätzchenteller.

Die Kinder sind so leise wie kleine Mäuse und riechen der Reihe nach daran. Sie wählen still und heimlich jeweils eine Sorte aus, die nach ihrer Meinung besonders gut duftet.

Die Kinder dürfen dann ihren Favoriten vom Teller nehmen, probieren und der Gruppe mitteilen, ob es ihnen auch schmeckt.

Hinweis

Falls sich mehrere Kinder für die gleiche Sorte entscheiden, dürfen sie sich jeweils eines aus der Dose nehmen.

Was ist im Nikolaussack?

Förderung des Sehsinns

Alter: ab 2 Jahren
Material: pro Kind 1 kleiner Nikolaussack und eine Kleinigkeit passend zur Adventszeit (z. B. Strohstern, Engel, Nikolaus, Herz)
Lied: „Lasst uns froh und munter sein" (➜ S. 8)

Vorbereitung

Die Spielleitung steckt in jeden Nikolaussack eine Kleinigkeit.

Spielverlauf

Die Kinder bilden einen Kreis. Die Spielleitung legt jedem Kind einen Sack direkt vor den Füßen auf den Boden. Danach singen alle Kinder das Nikolauslied. Dabei gehen sie Hand in Hand im Takt zur Melodie seitwärts links im Kreis herum.

Ist die erste Strophe und der Refrain beendet, bleiben alle stehen. Sie holen den Inhalt aus dem Säckchen heraus, das gerade vor ihnen liegt.

Die Spielleitung wählt davon etwas aus, das durchaus mehrmals vorhanden sein kann. Diejenigen Kinder, die glauben, den gesuchten Gegenstand auch zu besitzen, zeigen ihn her. Konnten die Kinder richtig Antwort geben, stecken sie ihre Gegenstände wieder in die Säckchen. Eine neue Spielrunde beginnt.

Hallo, ich bin der Weihnachtsmann!

Förderung des Sehsinns

Alter: ab 3 Monaten
Material: 1 Lammfell o. Ä.; kleines Fingerpüppchen „Weihnachtsmann"

Das Kind liegt mit dem Rücken auf einem Lammfell.

Die Spielleitung stülpt das Fingerpüppchen über den Zeigefinger und bewegt es so, dass das Kind es gut sehen kann.

Sie bewegt das Fingerpüppchen sanft hin und her und stellt es dem Kind vor, indem es z. B. in einfachen kurzen Sätzen sagt:

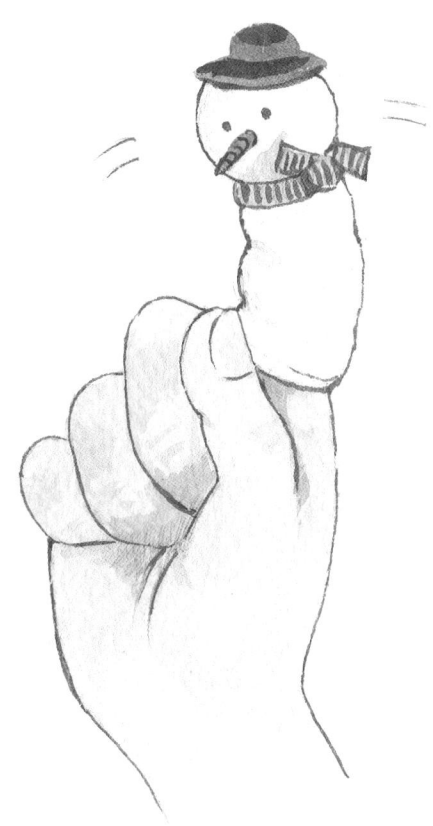

„Hallo, ich bin der Weihnachtsmann!
„Hallo, ich bin der Weihnachtsmann!
Ich habe alle Kinder gern
und komme von ganz fern!"

Obwohl das Kind den Textinhalt noch nicht versteht, wird es mithilfe des Fingerpüppchens ganz bei der Sache sein und sich über diese individuelle Zuwendung freuen.

Hinweis

Das Spiel kann statt mit einer Weihnachtsmann-Fingerpuppe auch mit einem Nikolaus oder einem Engel durchgeführt werden. Dementsprechend werden die ersten beiden Zeilen geändert.

Wer läutet die Weihnachtsglocke?

Förderung des Hörsinns

Alter: ab 2,5 Jahren
Material: 1 Weihnachtsmannglocke mit Holzgriff, ca. 17–20 cm lang

Bis auf ein Kind sitzen alle im Stuhlkreis. Die Spielleitung legt die Glocke in die Kreismitte und setzt sich zu den Kindern.

Das übrige Kind befindet sich im Innenkreis, kniet sich direkt vor die Spielleitung hin und legt den Kopf auf ihren Schoß.

Die Spielleitung winkt ein weiteres Kind herbei, das sich die Glocke holt und sich hinter das Kind stellt. Es läutet mit der Glocke und sagt laut: *„Wer läutet die Weihnachtsglocke?"* Weiß das Kind, wie das Kind heißt? Zur Kontrolle dreht sich das Kind um und setzt sich auf den freien Platz.

Das übrige Kind legt die Glocke wieder in die Kreismitte und setzt das Ratespiel so wie das 1. Kind fort.

Was klingt denn da?

Förderung des Hör- und Sehsinns

Alter: ab 1 Jahr
Material: Tuch; Spieluhr mit
Weihnachts- oder Wintermelodie; evtl.
Lammfell o. Ä.

Die Spielleitung versteckt die Spieluhr unter einem Tuch.
Sie bildet gemeinsam mit den Kindern einen Sitzkreis, in dessen Mitte sich die Spieluhr unter einem Tuch befindet. Sie greift unter das Tuch und macht die Spieluhr an.
Die Kinder hören fasziniert die erklingende Melodie.
Kurz darauf entfernt die Spielleitung das Tuch. Jetzt erklingt die Melodie heller und lauter im Raum.
Die Kinder stehen auf, gehen Hand in Hand im Uhrzeigersinn herum, hören die Melodie und betrachten dabei die Spieluhr.
Das geht so lange, bis die Melodie verklungen ist.

Variante für Kinder ab 3 Monaten

Das Kind liegt bequem mit dem Rücken auf einer weichen Unterlage. Die Spielleitung summt eine Weihnachts- oder Wintermelodie zur Überraschung des Kindes auf unterschiedliche Weise, indem sie z. B. eine Hand oder beide Hände vor den Mund hält, den Mund beim Summen öffnet oder die Lippen beim Summen zusammenpresst. Daher wird sich die Melodie jedes Mal anders anhören.

Wo steckt die Spieluhr?

Förderung des Hörsinns

Alter: ab 2 Jahren
Material: Spieluhr mit
Weihnachts- oder Wintermelodie

Die Kinder sitzen im Kreis beisammen. Die Spielleitung versteckt die Spieluhr im Raum und macht sie an, sodass eine Weihnachts- oder Wintermelodie zu hören ist.
Die Kinder spielen kleine Mäuse, die sich auf die Suche nach der Spieluhr machen dürfen. Sie krabbeln auf allen Vieren los und hoffen, die Spieluhr schnellstmöglich zu finden. Werden sie es schaffen, bevor die Melodie beendet ist? Anderenfalls fängt das Spiel von vorne an.

Was ist das?

Förderung des Seh- und Tastsinns

Alter: ab 9 Monaten
Material: 1 Leintuch; unterschiedliche Materialien (z. B. Stoff, Filz etc.); Tonpapierbogen in Gelb, DIN A3; Bleistift; Schere; Nähzeug; viele kleine LED-Teelichter

Vorbereitung

Die Spielleitung zeichnet die Umrisse von unterschiedlichen Advents- und Wintermotiven wie z. B. Engeln, Schneemännern und Weihnachtbäumen auf Stoff, Filz etc., schneidet sie aus und näht sie nach Belieben auf das Leintuch.

Sie kopiert den Stern von Bethlehem (→ S. 83), dessen Umriss sie mehrfach auf den gelben Tonpapierbogen zeichnet und ausschneidet. Sie breitet das Leintuch auf dem Boden aus und legt die ausgeschnittenen Sterne nicht zu nah beisammen um das Leintuch herum, auf die sie jeweils die LED Teelichter platziert. Das sieht nicht nur schön aus, sondern lädt die Kinder auch dazu ein, länger auf dem Leintuch zu verweilen.

Spielverlauf

Die Kinder krabbeln auf das Leintuch und dürfen die aufgenähten Sachen, die unterschiedlich aussehen und sich zum Teil auch unterschiedlich anfühlen, ganz bewusst wahrnehmen.
Vielleicht wissen die älteren Kinder, wie die Sachen heißen? Ältere Kinder können vielleicht auch sagen, was sich besonders gut anfühlt.

Weihnachtswichtel bei der Arbeit

Förderung des Sehsinns

Alter: ab 2 Jahren
Material: evtl. pro Kind 1 Zipfelmütze (z. B. aus rotem Filz aus der Verkleidungskiste oder die eigene Wintermütze)

Die Spielleitung sitzt gemeinsam mit den Kindern im Stuhlkreis. Sie spielen Weihnachtswichtel, die Zipfelmützen o. Ä. auf den Kopf tragen und in ihrer Wichtelwerkstatt unglaublich viel zu tun haben. Dementsprechend tut die Spielleitung so, als ob sie z. B. ein Kleid nähen würde.
Alle Kinder machen sofort mit und sollen herausfinden, wie die handwerkliche Tätigkeit heißt.

Wurde die richtige Antwort genannt, stellt die Spielleitung eine neue Tätigkeit pantomimisch vor, wie z. B. malen, schneiden oder gar sägen, die alle Kinder gleich nachahmen und erraten dürfen.

Nach ein paar Durchgängen sind alle Geschenke fertig, sodass das große Fest endlich kommen kann.

Wo ist der Schneemann?

Förderung des Tastsinns

Alter: ab 2,5 Jahren
Material: weißes Leintuch; schwarzer Filzstift; Schere; alter Hut oder Zylinder; Besen; Augenbinde

Vorbereitung

Die Spielleitung legt einem Kind das weiße Leintuch mittig auf den Kopf, sodass es wie ein Gespenst aussieht. Die Spielleitung zeichnet die Augen auf. Das Kind nimmt das Leintuch ab und die Spielleitung schneidet die Umrisse aus.

Spielverlauf

Alle Kinder außer einem stehen in einem engen Kreis beisammen. Dieses Kind stellt sich in die Kreismitte und lässt sich von der Spielleitung die Augen verbinden.

Die Spielleitung sucht sich ein weiteres Kind aus, das sich per Handzeichen meldet. Es spielt den Schneemann und lässt sich das Leintuch mittig auf den Kopf legen, sodass es durch die Augenschlitze sieht.

Die Spielleitung setzt ihm noch einen alten Hut oder Zylinder auf den Kopf und reicht ihm den Besen.

Das Kind macht sich nun blind auf die Suche nach dem Schneemann, indem es im Innenkreis herumgeht und die einzelnen Kinder abtastet.

Sobald jedoch das Kind glaubt, den Schneemann zu erkennen, nimmt es seine Augenbinde ab.

Unabhängig davon, ob seine Vermutung zutrifft oder nicht, tauscht es mit einem anderen Kind den Platz, das sich in der nächsten Spielrunde auf die Suche nach einem neuen Schneemann machen darf.

Hungrige Buntspechte

Förderung des Sehsinns

Alter: ab 2 Jahren
Material: pro Kind zwei Chiffontücher; Handtrommel, Meisenknödel oder Vogelhaus gefüllt mit Vogelkörnern

Die Spielleitung bindet jedem Kind zwei farbige Chiffontücher als Flügel um ihre Arme. Die Kinder spielen Buntspechte und fliegen vergnügt durch den Raum.

In einem unbemerkten Moment befestigt die Spielleitung einen Meisenknödel z. B. am Regal oder stellt ein Vogelhaus auf einen Schrank.

Danach trommelt sie alle „Buntspechte" herbei. Sie erzählt ihnen, dass die Vögel im Winter nicht so viel Nahrung finden. Aus diesem Grund hängen Menschen Meisenknödel oder stellen Vogelhäuser gefüllt mit Körner auf.

Die Spielleitung führt die Gruppe an und bleibt hin und wieder stehen, damit die „Buntspechte" nach dem Meisenknödel Ausschau halten können.

Das Spiel ist aus, sobald eines von den Kindern den Meisenknödel entdeckt.

Schneeräumdienst

Förderung des Sehsinns

Alter: ab 1,5 Jahren
Material: jede Menge Wattebäusche; Handtrommel; Eimer; pro Kind 1 Sandschaufel; evtl. Augenbinde

Vorbereitung

Im Stuhlkreis verteilt die Spielleitung überall Wattebäusche, z. B. unter den Stühlen, auf den Sitzflächen, hinter den Stuhlbeinen oder einfach in der Kreismitte. Den Eimer stellt sie in die Kreismitte.

Spielverlauf

Die Spielleitung trommelt die Kinder herbei, die sich im Innenkreis befinden.

Sie berichtet den Kindern, dass es in der Nacht geschneit hat und die Straßen geräumt werden müssen.

Mit kleinen Sandschaufeln bewaffnet, dürfen die Kinder nun die einzelnen Wattebäusche, die den Schnee darstellen sollen, einsammeln und in den Eimer in der Kreismitte legen. Werden die Kinder alle Wattebäusche finden?

Die Spielleitung kontrolliert die Arbeit der Kinder, die sich gegebenenfalls weiter auf die Suche nach den Wattebäuschen machen müssen.

Wo ist der Igel?

Förderung des Hör- und Tastsinns

Alter: ab 2 Jahren
Material: Augenbinde

Alle Kinder mit Ausnahme von einem bilden einen engen Stuhlkreis. Dieses Kind stellt sich in die Kreismitte und lässt sich von der Spielleitung die Augen verbinden.
Die Spielleitung zeigt auf ein Kind in der Runde, das nun den Igel spielt, der gerade Winterschlaf macht. Das Kind schnarcht ganz laut, sodass das Kind in der Mitte das Schnarchen gut hören kann.
Das 1. Kind macht sich tastend auf die Suche nach dem Igel. Glaubt das Kind direkt vor dem schnarchenden Igel (dem gesuchten Kind) zu stehen, nimmt es seine Augenbinde ab.
Unabhängig davon, ob seine Vermutung stimmt oder nicht, tauscht es mit dem gesuchten Kind den Platz.
Eine neue Spielrunde beginnt.

Wie heißt der Schneemann?

Förderung des Sehsinns

Alter: ab 2 Jahren
Material: großes weißes Leintuch; schwarzer Filzstift; Schere; alter Hut oder Zylinder; Besen

Vorbereitung
„Wo ist der Schneemann?" (→ S. 52)

Die Kinder sitzen im Kreis, legen ihren Kopf auf ihren Schoß und schließen ihre Augen.
Die Spielleitung tippt ein Kind an, das ganz leise mit ihr in Richtung Kreismitte geht. Sie legt dem Kind mittig das Leintuch auf den Kopf, sodass es durch die beiden Augenschlitze schauen kann. Die Spielleitung setzt ihm noch einen Hut auf den Kopf, reicht ihm einen Besen und ruft schließlich laut:
„Wie heißt das Schneemann-Kind?"
Die Kinder öffnen ihre Augen, schauen sich in der Runde um und teilen ihre Vermutungen mit. Zur Kontrolle schlüpft das Kind unter dem Tuch wieder hervor und setzt sich auf seinen Platz.
Eine weitere Spielrunde beginnt.

Variante (Wer sitzt im Iglu?)
Das Spiel verläuft zunächst so wie oben beschrieben. Das kniende Kind in der Mitte macht jedoch einen Katzenbuckel und zieht den Kopf in Richtung Knie. Die Spielleitung breitet über dem Kind ein weißes Leintuch aus, welches das Iglu darstellt. Sie ruft laut:
„Wer sitzt im Iglu?"
Die Kinder im Kreis öffnen ihre Augen und versuchen das Rätsel so wie oben beschrieben zu lösen.

Weihnachtsstern & Winterwald

Erstes Malen, Basteln & Gestalten mit Farbe, Papier, Knete & Co.

Bereits Kleinkinder haben große Freude am Klecksen, Kritzeln, Malen, Basteln und Kneten. Besonders wenn es draußen kalt, grau und nass ist, wollen Kinder gerne in der warmen Stube kreativ sein. Dabei spielt es keine Rolle, wie das fertige Produkt am Ende aussieht. Vielmehr sollen die Kinder selbst herausfinden, was man z. B. mit Farbe und Papier alles machen kann. In den Mund dürfen diese Dinge jedoch nicht genommen werden, weshalb vor allem die Kleinsten z. B. im Umgang mit Tapetenkleister gut beaufsichtigt werden müssen.

In diesem Kapitel werden jede Menge Praxisideen zum Kreativsein vorgestellt, die originell und einfach zugleich sind. So können alle Kinder motiviert und begeistert mitmachen. Spielerisch und ohne viel Aufwand schulen sie die Feinmotorik, die Fantasie und die künstlerische Ausdrucksfähigkeit.

Die kleinen KünstlerInnen sollten für die Mal- und Bastelaktionen ihre Malkittel anziehen. Außerdem benötigen sie jeweils eine Modellierunterlage (→ S. 56) oder alte Zeitungsblätter, die sie auf den Tischen ausbreiten.

Platzdecke

Diese Platzdecke mit Adventsmotiven eignet sich auch sehr gut als Unterlage zum Malen, Basteln und Modellieren.

Alter: ab 1 Jahr
Material: pro Kind 1 Tonkartonbogen in Weiß, DIN A3; Werbeprospekte mit Leckereien aus der Weihnachtsbäckerei sowie Advents- und Weihnachtsartikel (z. B. Zimtsterne, Lebkuchenherzen, Nussknacker, Räuchermännchen, Weihnachtspyramiden); Schere; Klebstoff auf Wasserbasis (speziell für Kleinkinder); Laminiergerät; evtl. pro Kind 1 Schuhkartondeckel

Vorbereitung

Die Spielleitung schneidet die Advents- und Weihnachtsartikel aus den Prospekten aus.

Spielverlauf

Die Kinder erhalten jeweils einen Tonkartonbogen und die ausgeschnittenen Bilder, die sie aufkleben.
Ist die Weihnachtscollage fertig, laminiert die Spielleitung jeden Karton.

Variante

Die Kinder bekleben den Innenteil eines Schuhkartondeckels mit den Bildern aus den Prospekten. Auf diese Weise entsteht eine Collage mit einem Bilderrahmen.

Weihnachtsbäckerei

Alter: ab 1,5 Jahren
Material: 1–2 Backbleche; Kindersoftknete; Knetroller; Ausstechformen (z. B. Glocke, Engel, Stiefel, Stern); pro Kind 1 Schürze o. Ä.; evtl. pro Kind 1 Zipfelmütze aus rotem Filz o. Ä. (alternativ die eigene Wintermütze)

Die Spielleitung verteilt an die Kinder jeweils eine Handvoll extraweiche, leicht knetbare Knete.
Die Kinder spielen BäckerInnen, die Weihnachtsplätzchen backen. Sie ziehen ihre Schürzen an und rollen aus der Knete den „Teig" aus.
Sie stechen Plätzchen aus, die sie auf das Blech legen. Wer möchte, kann auch mit der Hand Plätzchen aus Knetmasse formen.
Liegen alle Plätzchen auf dem Blech, wird es in den Backofen geschoben. Die Kinder tun so, als ob sie den Backofen in der Küche anstellen würden.
Erst wenn die Backzeit vorüber ist, holen sie das Blech wieder heraus. Sie tun nun so, als ob sie die Plätzchen verkaufen oder selbst verspeisen würden.

Variante (Wichtelwerkstatt)

Die Kinder spielen Weihnachtswichtel und tragen gegebenenfalls Zipfelmützen o. Ä. auf den Kopf. Wer möchte, kann auch seine eigene Wintermütze nehmen.
Sie stellen in der Wichtelwerkstatt kleine Geschenke bzw. Kunstwerke aus Knetmasse für die kommende Weihnachtszeit her. Dabei lassen sie ihrer Fantasie freien Lauf.

Nikolaus im Winterwald

Alter: ab 2 Jahren

Material: pro Kind 2 Tonkartonbogen in Weiß, DIN A3; 1 Schälchen halb gefüllt mit Wasser und 1 Schwamm; Wasserfarben in Grün; Bleistift; Scheren; Klebstoff auf Wasserbasis (speziell für Kleinkinder); Nikolausabbildung (➜ S. 84); Buntstifte

Vorbereitung

Die Spielleitung kopiert für jedes Kind die Vorlage für den Nikolaus (➜ S. 84).

Spielverlauf

Die Kinder erhalten jeweils einen weißen Tonpapierbogen und einen Schwamm.

Sie tauchen den Schwamm ins Wasser und drücken ihn leicht aus.

Nun drücken sie den Schwamm erst in die grüne Farbe und schließlich überall auf das Malpapier. Diesen Vorgang wiederholen sie so lange, bis das Malpapier grün ist.

Die Spielleitung zeichnet auf jedes grüne Papier, sobald es getrocknet ist, ein paar Tannenbaumumrisse auf und schneidet sie aus.

Jedes Kind erhält nun eine Kopie, auf dem der Nikolaus zum Ausmalen und Ausschneiden abgebildet ist. Mit Buntstiften malen sie den Nikolaus nach ihren eigenen Vorstellungen aus.

Die Spielleitung schneidet ihn jeweils aus.

Die Kinder kleben ihren Nikolaus zusammen mit den Tannenbaumumrissen auf das weiße Malpapier.

Die Adventskerze brennt!

Alter: ab 2,5 Jahren
Material: pro Kind 1 Malpapier in Weiß,
DIN A4, je 1 Rest Tonpapier in Rot und Gelb
und 1 Wachsmalstift in Grün; Bleistift;
Lineal; Schere; Klebestift ohne Lösungsmittel;
rote lange Kerze; Feuerzeug

Vorbereitung

Die Spielleitung zeichnet auf das rote Tonpapier für jedes Kind eine Kerze (bzw. ein
Rechteck, 8 × 4 cm) und auf das gelbe Tonpapier eine zur Kerze passende Flamme auf
und schneidet beides aus.

Spielverlauf

Die Kinder sitzen an einem Tisch beisammen
und erhalten jeweils das weiße Malpapier, ein
rotes Tonpapierrechteck und eine gelbe Flamme aus Tonpapier.
Die Kinder legen das Malpapier hochkant vor
sich auf den Tisch.
Sie kleben ihre Kerze hochkant auf das Malpapier. Die Flamme kleben sie ebenfalls auf.
Unter die Kerze malen sie grüne Zweige (bzw.
Striche).
Die Spielleitung entzündet die echte rote Kerze. Jedes Kind hält diese mithilfe der Spielleitung schräg über das Papier und zwar so, dass
das Wachs ausgehend von der aufgeklebten
Flamme nach unten tropft. Dabei betont die
Spielleitung mehrmals, dass dies nur im Bei-
sein eines Erwachsenen gemacht werden darf.
Das Ganze wirkt sehr realistisch und gibt der
aufgeklebten leuchtenden Adventskerze den
letzten Schliff.

Kerzenhalter

Alter: ab 2 Jahren
Material: pro Kind eine Handvoll
lufttrocknende Modelliermasse in Weiß oder
Terrakotta, 1 Rundholz für Knetmasse,
1 Bierdeckel o. Ä. und 1 Christbaumkerze
aus Bienenwachs; große Ausstechformen
(z. B. Engel, Stern, Glocke); Zirkel; Schere;
Feuerzeug

Vorbereitung

Die Spielleitung zeichnet auf jeden Bierdeckel
einen kleinen Kreis, dessen Durchmesser kleiner als der der Ausstechformen ist, und schneidet ihn jeweils aus.

Weihnachtskugel

Kunststoffkugeln eignen sich nicht nur zum Bemalen, sondern auch zum Füllen mit Kleinigkeiten. Die fertigen Weihnachtskugeln können auch als Baumschmuck dienen.

Alter: ab 2 Jahren
Material: pro Kind 1 Kunststoffkugel mit Öse; Alu-Faltblätter in Gold, Silber, Grün, Rot und Blau; Lametta; kleine Advents- und Weihnachtsartikel (z. B. Strohsterne, Herzen, Engel); Rolle mit Weihnachtsband, ca. 10 mm breit; Schere

Vorbereitung

Die Spielleitung schneidet für jedes Kind ein ca. 30 cm langes Stück Weihnachtsband von der Rolle ab.

Spielverlauf

Die Kinder suchen sich jeweils zwei bis drei Alu-Faltblätter in unterschiedlichen Farben aus und reißen sie in kleine Stücke.
Sie füllen eine Hälfte der Kunststoffkugel mit etwas Lametta und den in kleine Stücke zerrissenen Alu-Faltblättern sowie zwei bis drei kleinen zuvor ausgewählten Advents- und Weihnachtsartikeln.
Die Kinder schließen nun die Kugel, indem sie mithilfe der Spielleitung die andere Hälfte aufsetzen.
Durch die Öse an der Kugel fädeln sie das zuvor zugeschnittene Weihnachtsband.
Die Spielleitung verknotet beide Enden miteinander.

Spielverlauf

Die Kinder erhalten jeweils eine Handvoll Modelliermasse, die sie mit einem Rundholz ausrollen.
Mit einer beliebigen Ausstechform stechen sie die Form aus der Modelliermasse aus.
Die Spielleitung bohrt die Kerze jeweils durch die Mitte der einzelnen Formen.
In der Mitte der zuvor ausgeschnittenen Kreise befestigt sie mithilfe einiger Wachstropfen eine Kerze so, dass sie stehen bleibt.
Die Kinder führen ihre Form über die Kerze bis auf den Kreis.

Weihnachtskarte

Alter: ab 2 Jahren
Material: pro Kind 1 kleiner Schwamm,
1 Schälchen mit Wasser und
1 Tonkartonbogen in Hellblau, DIN A4;
Wasserfarben in Dunkelblau; Sternvorlage
(➜ S. 83) Schere; Buntpapier zum
Anfeuchten und Bekleben in Gelb; Klebestift
ohne Lösungsmittel; evtl. Wachsmalstifte

Vorbereitung

Die Spielleitung kopiert für jedes Kind die Vorlage für den Stern von Bethlehem (➜ S. 83)
und schneidet ihn jeweils aus.

Spielverlauf

Die Kinder erhalten jeweils einen hellblauen
Tonpapierbogen und einen kleinen Schwamm,
den sie in das Schälchen mit Wasser tauchen
und etwas ausdrücken.

Sie tupfen ihn nun so lange in die dunkelblaue
Farbe, bis genügend Farbe auf dem Schwamm
haftet.
Die Kinder tupfen den Schwamm entweder
alleine oder mithilfe der Spielleitung so auf das
hellblaue Tonpapier, dass sich die dunkelblaue
Farbe gleichmäßig und vollflächig auf dem
Papier verteilt.
Ist die Farbe trocken, faltet jedes Kind den Tonpapierbogen so wie ein Buch in der Mitte und
klebt auf die dunkelblaue, bearbeitete Vorderseite jeweils einen Stern auf. Die Kinder reißen das gelbe Buntpapier in kleine Stücke und
kleben es verteilt überall auf den Stern.

Variante für Kinder ab 1 Jahr

Die Spielleitung bastelt die Karte und die Kinder helfen lediglich beim Falten mit und malen
den Stern aus.

Weihnachtsmann

Alter: ab 1,5 Jahren
Material: pro Kind 1 kleines rotes Stoff-
säckchen mit Zugband, Füllwatte, Filzreste in
Schwarz und Dunkelrot; Bleistift; Schere;
Klebestift, lösungsmittelfrei; weiße Watte

Vorbereitung

Die Spielleitung zeichnet für jedes Kind zwei
runde Augen (Ø ca. 3 cm) auf den schwarzen
Filz, eine runde Nase (Ø ca. 4 cm) auf den
roten Filz und schneidet alles aus.

Spielverlauf

Jedes Kind erhält von der Spielleitung ein rotes
Stoffsäckchen, das es mit der Füllwatte aus-
stopft.
Die Spielleitung bindet die Säckchen fest zu.
Die Kinder kleben je zwei Augen etwas unter-
halb des Zugbandes auf ihr Säckchen.
Sie bringen die Nase an und kleben darunter
den Bart aus Watte. Der Teil oberhalb des Zug-
bands stellt die Weihnachtsmannmütze dar.
Fertig ist das Gesicht des Weihnachtsmanns!

Schwimmkerzen-Schale

Alter: ab 1 Jahr
Material: 1 durchsichtige große Glasschale;
Krepppapierstreifen in Dunkelbau;
Weihnachtsmotive, selbstklebend (z. B. Herz,
Baum, Stern); 4 Schwimmkerzen (z. B. Sterne);
Stabfeuerzeug; evtl. Bleistift und Schere

Die Spielleitung stellt eine Glasschale auf die
Tischmitte.

Die Kinder kleben die Weihnachtsmotive
außen auf die Schale auf.
Die Spielleitung füllt die Schale bis zur Hälfte
mit Wasser.
Die Kinder legen einen blauen Krepppapierstreifen in das Wasser. Es dauert nicht lange,
bis sich das Wasser bläulich verfärbt. Die
Spielleitung holt den Streifen aus dem Wasser
heraus.
Die Kinder platzieren die Schwimmkerzen auf
der Wasseroberfläche.
Die Spielleitung entzündet diese mithilfe des
Stabfeuerzeugs.

Schatzkiste mit Adventsüberraschungen

*Eine kleine Schatzkiste, in der die Kinder etwas
Adventliches aufbewahren können, lässt sich
leicht herstellen.*

Alter: ab 1 Jahr
Material: pro Kind 1 kleine leere
Käseschachtel o. Ä.; Alu-Papierreste in Gold,
Silber, Blau, Grün und Rot; Klebestift,
lösungsmittelfrei; kleine Dinge passend zur
Advents- und Weihnachtszeit (z. B.
Strohsterne, Holzengel, Walnussschalen,
getrocknete Orangenringe); evtl. schwarzer
Filzstift; Kugelschreiber; 24 Aufkleber in
Gelb oder Weiß, z. B. in Sternform

Die Kinder erhalten von der Spielleitung kleine Schachteln, die nicht alle gleich aussehen
müssen und Alu-Papierreste in verschiedenen
Farben.

Die Kinder reißen die Alu-Papierreste mithilfe der Spiellleitung in kleine Stücke und bekleben damit die Schachteln.

Jedes Kind sucht sich eine Kleinigkeit aus, die es in der Schachtel wie einen Schatz aufbewahrt.

Wer möchte, zeigt seinen Schatz den anderen oder nimmt ihn mit nach Hause.

Adventskalender basteln

Die beklebten Schachteln eignen sich auch als Adventskalender. Dazu befestigt die Spiellleitung oben auf den Schachteln jeweils einen sternförmigen Aufkleber, der jeweils mit einer Zahl von 1 bis 24 beschriftet ist.

Auf den Boden jeder Schachtel schreibt sie den Vornamen des Kindes, das die Schachtel hergestellt hat.

Die Spiellleitung legt in jede Schachtel eine kleine Überraschung und stellt sie der Reihe nach z. B. auf das Fensterbrett.

Wurden weniger als 24 Schachteln beklebt, muss die Spiellleitung die fehlende Anzahl Schachteln verzieren, damit der Adventskalender vollständig ist.

Nun darf jeden Tag im Advent immer dasjenige Kind seine Schachtel öffnen und mit nach Hause nehmen, dessen Nummer gerade an der Reihe ist.

Kinder, es schneit!

Alter: ab 2 Jahren
Material: pro Kind 1 Tonkartonbogen in Schwarz, DIN A4 und 2 weiße Wachsmalstifte; Fotoapparat; Drucker; Klebestift, lösungsmittelfrei
Lied: flottes Winterlied wie z. B. der Klassiker unter den amerikanischen Weihnachtsliedern „Jingle Bells"

Vorbereitung

Die Kinder ziehen sich warm an, gehen nach draußen und reißen vor Freude ihre Arme in die Luft. Die Spiellleitung fotografiert so jedes Kind und druckt später die einzelnen Ganzkörperbilder aus.

Spielverlauf

Die Kinder setzen sich an einen Tisch. Sie erhalten von der Spielleitung jeweils zwei weiße Wachsmalstifte und einen schwarzen Tonkartonbogen.

Zum Rhythmus der Musik klopfen die Kinder mit ihren beiden Stiften überall auf dem Papier herum.

Ist das Musikstück beendet, erhält jedes Kind sein Foto und klebt dieses auf die Papiermitte. Fertig sind die Schneeflocken-Bilder, auf denen die abgebildeten Kinder sich riesig freuen, dass es endlich schneit!

Mein Schneemann

Alter: ab 2,5 Jahren
Material: pro Kind 1 große Käseschachtel, 1 Korken, 1 Pfötchenpinsel o. A., eine Handvoll Watte für die Käseschachtel und etwas weiße, lufttrocknende Modelliermasse; 1–2 Tonpapierbögen in Schwarz, DIN A3; Zirkel; Schere; Pinsel; Plakafarbe in Schwarz

Vorbereitung

Die Spielleitung zeichnet für jedes Kind einen Kreis mit einem Durchmesser von 4 cm auf den schwarzen Tonpapierbogen und schneidet ihn jeweils aus.

Spielverlauf

Die Kinder erhalten von der Spielleitung jeweils einen Pinsel, mit denen sie die Korken schwarz anmalen. Während die Farbe trocknet, formen sie aus lufttrocknender Modelliermasse, die pro Kind maximal so groß wie ein Tennisball ist, drei unterschiedlich große weiße Kugeln.

Die Kugeln stellen und drücken sie so der Größe nach aufeinander, dass die kleinste Kugel oben den Kopf darstellt.

Die Kinder erhalten von der Spielleitung jeweils eine Käseschachtel, in dessen Mitte sie den Schneemann setzen, sodass er stehenbleibt.

Die Spielleitung drückt den Korken mittig auf den Schneemannkopf, sodass der größere Teil des Kopfes noch hervorschaut.

Die übrige freie Fläche in der Schachtel legen die Kinder mit Watte aus, die den Schnee darstellen soll.

Handabdrücke im Schnee

Alter: ab 1,5 Jahren
Material: pro Kind 1 Tonkartonbogen in
Weiß, DIN A3; Fingerfarbe in Weiß;
Klebstoff auf Wasserbasis (speziell für
Kleinkinder); Wattebäusche; evtl. pro Kind
1 Wachsmalstift in Weiß

Die Kinder erhalten jeweils einen weißen Tonkartonbogen.
Die Spielleitung trägt die weiße Fingerfarbe
auf die Handflächen der Kinder auf. Dabei
achtet sie darauf, dass die Farbe gleichmäßig
auf der Handfläche bis hin zu den Fingerspitzen verteilt ist.
Die Kinder drücken ihre Hände mehrmals auf
das weiße Papier.
Sie waschen die Farbe ab und trocknen ihre
Hände.
Sie verteilen über die ganze Seite etwas Klebstoff auf dem Fotokarton. Dabei sollten die
Handabdrücke möglichst nicht mit Kleister
beschmiert werden.
Auf den Klebstoff drücken sie nun die Wattebäusche, die Schnee darstellen. Fertig sind die
Handabdrücke im Schnee!

Tannenbaum im Winterwald

Alter: ab 2 Jahren
Material: braune Kindersoftknete; pro Kind
1 kleiner Tannenzweig; weiße Watte; evtl.
kleine Waldtiere aus Holz oder Plastik (z. B.
Eichhörnchen, Reh, Hirsch, Fuchs)

Die Kinder erhalten von der Spielleitung
jeweils eine kleine Handvoll braune Knetmasse, aus dem sie eine runde Kugel formen. Diese drücken sie unten etwas platt.
Sie stechen den Tannenzweig oben in die
Kugelmitte ein, sodass er nicht umfällt und die
Spitze in die Luft ragt. Die Kinder erhalten von
der Spielleitung eine kleine Handvoll Watte,
die den Schnee darstellt.
Sie ziehen die Watte etwas auseinander und
verteilen sie am besten ausgehend von der
Tannenzweigspitze spiralförmig auf dem Tannenzweig.

Hinweis

Wenn die Kinder ihre schneebedeckten Tan-
nenbäume auf dem Tisch verteilen, entsteht
ein Winterwald, in dem sich jede Menge kleine Waldtiere aus Holz oder Plastik tummeln
können.

Tierspuren im Schnee

Alter: ab 2,5 Jahren
Material: pro Kind 1 Bogen Malpapier in
Weiß, DIN A3; Stempel mit Tiermotiven
(z. B. mit Rehen, Hirschen, Füchsen,
Eisbären); Fingerfarbe in Weiß

Die Kinder stempeln Rehe, Bären usw. auf ihre
Malpapiere.
Sie tupfen ihren Zeigefinger in die weiße Far-
be und machen ausgehend vom Papierrand in
Richtung der einzelnen Tiere lauter Fingerab-
drücke, die die Tierspuren darstellen.

Hinweis

Die Kinder können auch vier Fingerabdrücke
gleichzeitig machen, indem sie ihre Zeige-,
Mittel- und Ringfinger sowie den kleinen Finger in die Farbe tauchen und die Finger so auf
das Papier drücken, dass der Zeigefinger und
kleine Finger und, etwas weiter nach vorne
ausgestreckt, der Mittel- und Ringfinger parallel zueinander stehen.

Schneewolken-Mobile

Alter: ab 2,5 Jahren
Material: pro Kind 1 Pappteller und
1 Tonkartonbogen in Weiß, DIN A4; Zirkel;
Watte; Klebstoff, lösungsmittelfrei; Bleistift;
weiße Wolle; Locher; Schere; weißes Perlgarn; stumpfe Nadel

Vorbereitung

Die Spielleitung zeichnet für jedes Kind drei
bis fünf Kreise mit einem Durchmesser von ca.
5 cm auf den weißen Tonkartonbogen, schneidet sie aus und locht jeden Kreis einmal nah
am Rand.
Für jeden Kreis locht sie den Tellerrand einmal. Dabei achtet sie darauf, dass die Löcher
gleichmäßig auf dem Rand verteilt sind.
Für jede Schneewolke schneidet sie ein Stück
Perlgarn (ca. 20 cm lang) und für jede Schneeflocke ein Stück Wolle ab. Die Wollfäden sind
unterschiedlich lang, jedoch nicht länger als
15 cm.

Spielverlauf

Die Kinder verteilen auf ihren Papptellern den Klebstoff, darauf verteilen sie etwas Watte. Diesen Vorgang wiederholen sie auch auf den Rückseiten. Auf diese Weise entstehen eine riesige Schneewolken, die gleich von ein paar Schneeflocken umgeben sein werden.

Hierfür fädeln die Kinder jeweils einen Wollfaden durch die Löcher ihrer Schneeflocken, den die Spielleitung schließlich verknotet. Das andere Ende des Fadens fädeln sie durch ein freies Loch des Tellerrands, den die Spielleitung ebenfalls verknotet.

Erst wenn alle Schneeflocken mit einem Faden mit der Schneewolke verbunden sind, befestigt die Spielleitung ein Stück Perlgarn mit zwei Nadelstichen in der Mitte der Schneewolke.

Die beiden Enden des Garns verknotet sie und biegt den Pappteller so zurecht, dass die Schneewolke bzw. der Pappteller nicht schief herunterhängt.

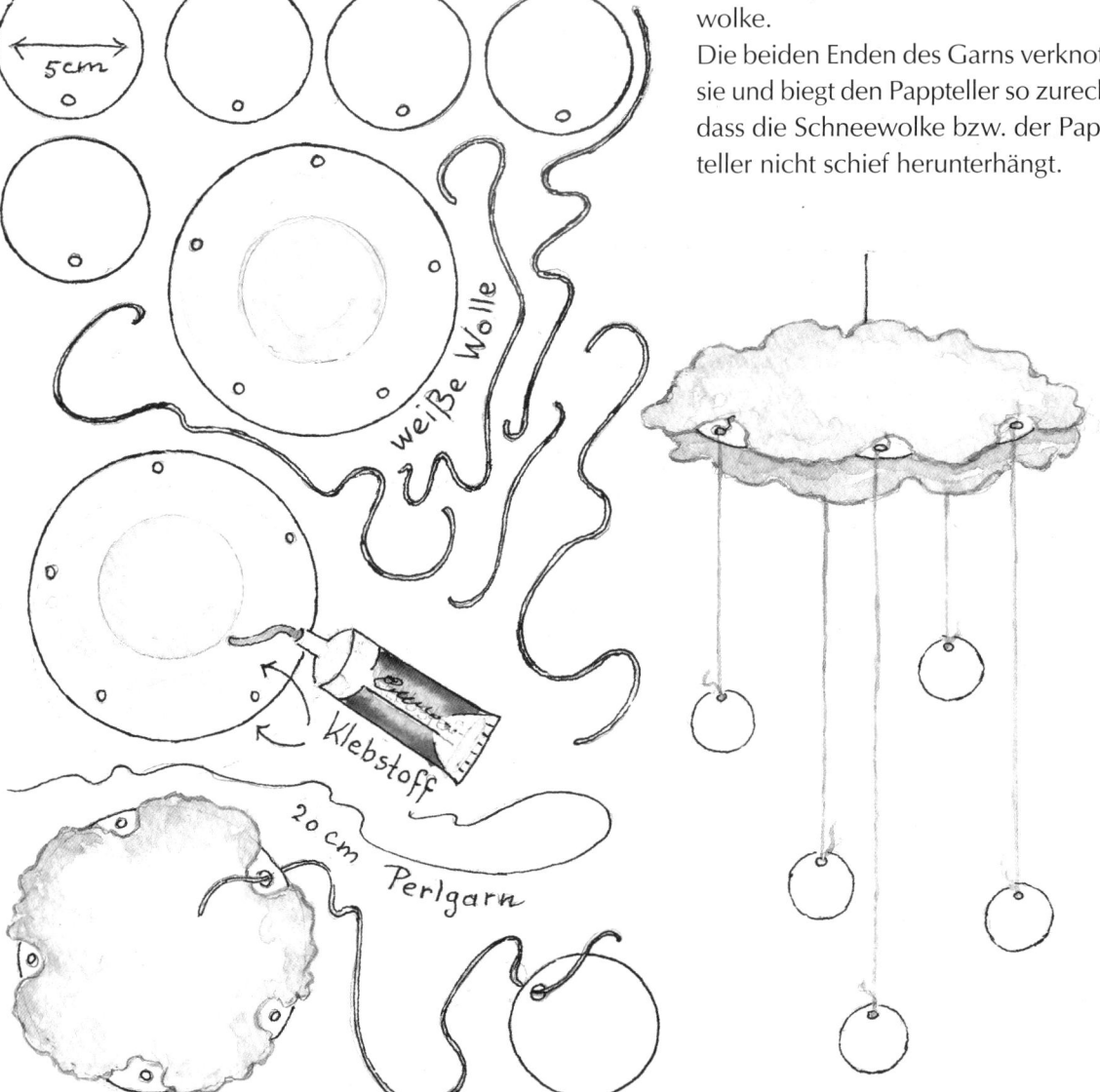

Weihnachtstraum & Schneeflockenmassage

Ruhige Spiele und Streichelmassagen zum Entspannen und Einschlafen

Kleine Inseln der Ruhe und Stille, die fest zum Tagesablauf gehören, sind in der Vorweihnachtszeit geradezu ideal, um trotz des ganzen Trubels wieder genügend Kraft zu tanken, fit und munter zu werden. Damit das gut gelingt, muss der Raum wohlig warm sein. Zudem brauchen Babys und Kleinkinder genügend Schlaf. Liebevolle Zuwendung, aber auch kleine Einschlafrituale bewirken, dass Kinder insbesondere kurz vor dem Mittagsschlaf innerlich zur Ruhe kommen, entspannt und gut einschlafen können.

In diesem Kapitel werden jede Menge ruhige Spiele vorgestellt. Zudem gibt es zahlreiche Vorschläge für Massagen für Babys und Kleinkinder, die sich zum Teil auch zum Einschlafen und für einen entspannten Schlaf eignen. Damit jedoch die Kinder die Massage auf der Haut spüren und nicht zuletzt ein gutes Körperschema aufbauen, kann die Spielleitung das Kind bis zur Unterwäsche oder Windel ausziehen. Die Spielleitung muss jedoch verbal die nächsten Schritte ankündigen und akzeptieren, wenn ein Kind sich nicht (ganz) ausziehen möchte. Für den Erfolg ist es überaus wichtig, dass die Spielleitung stets auf die Körpersprache des Kindes achtet.

Wir tanzen um den Kranz!

Dieser ruhige Tanz kann für sich alleine stehen oder ein schöner Einstieg für weitere ruhige Spiele und Streichelmassagen sein.

Alter: ab 2 Jahren
Material: kleiner Tisch; Adventskranz; Stabfeuerzeug; ruhige Adventsmusik wie z. B. das altbekannte Adventslied „Wir sagen euch an den lieben Advent"; CD-Player

Die Kinder bilden um den Tisch, auf dem der Adventkranz steht, einen Kreis.
Die Spielleitung schaltet die ruhige Musik ein. Sie stellt sich direkt vor den Kranz und sagt:
„Guten Morgen, liebe Kinder!" Wer weiß, wie viele Kerzen ich anzünden darf?"
Die Spielleitung deutet der Reihe nach auf die Kerzen und sagt:
„1, 2, 3 oder 4 Kerzen?"
Die Kinder rufen ihre Vermutungen laut in die Runde. Sobald jedoch ein Kind die richtige Antwort weiß, zündet die Spielleitung die entsprechende Anzahl Kerzen an.
Die Spielleitung geht zu den Kindern auf die Kreisbahn. Zum Rhythmus der Musik gehen sie nun Hand in Hand im Uhrzeigersinn im Kreis herum und zwar so, dass sie stets in Richtung des Adventskranzes blicken.
Ist das Musikstück beendet, bleiben sie stehen und setzen sich schließlich auf den Boden.

Mein Weihnachtsbaum

Alter: ab 3 Monaten
Material: Lammfell o. Ä.; kuschelige Babydecke

Vorbereitung

Wird die Streichelmassage nicht kurz vor dem Zubettgehen durchgeführt, zieht die Spielleitung das Baby nach Möglichkeit bis zur Unterwäsche oder Windel aus.

Spielverlauf

Die Spielleitung legt das Baby mit dem Rücken vor sich auf eine weiche Unterlage. Sie liest den Text langsam vor und macht die dazu passenden Bewegungen.

„Ich habe einen schönen Traum.
Ich träum' von einem Weihnachtsbaum."
(Mit beiden Händen ausgehend vom Kopf bis
hin zu den Füßen langsam herunter streichen.)
„Sterne seh' ich in meinem Traum.
Sie hängen an dem Weihnachtsbaum."
(Finger spreizen und beide Hände ganz ent-
spannt auf die Schultern legen.)
„Kugeln seh' ich in meinem Traum.
Sie hängen an dem Weihnachtsbaum."
(Die Fingerkuppen kreisförmig im Uhrzeiger-
sinn von der rechten bis zur linken Schulter
bewegen.)
„Einen Engel seh' ich in meinem Traum.
Er hängt ganz weit oben am Weihnachts-
baum."
(Während eine Hand auf dem Bauch ruht, mit
der anderen Hand ein paarmal über den Kopf
streichen.)
„So schön ist er in meinem Traum.
Ja, so ist er, mein Weihnachtsbaum!"
(Mit beiden Händen ausgehend vom Kopf bis
hin zu den Füßen langsam herunter streichen.)

Wurde das Kind bis zur Unterwäsche oder
Windel ausgezogen, hüllt die Spielleitung es
am Ende in eine kuschelige Babydecke ein. Sie
wiegt es sanft hin und her, bevor sie es schließlich wieder anzieht.

Weihnachtskugel-Massage

Alter: ab 1,5 Jahren
Lied: ruhige Advents- oder Weihnachtsmusik
(instrumental) wie z. B. „Es ist ein Ros'
entsprungen" (kirchl. Weihnachtslied aus
dem 16. Jh.); CD-Player; mehrere robuste
Weihnachtskugeln; evtl. pro Kind 1 Lammfell
o. Ä.

Das Kind wählt sich eine Weihnachtskugel aus
und legt sich mit dem Bauch auf eine Matte.
Die Spielleitung schaltet die Musik an und
massiert das Kind mit der Kugel. Sie rollt die
Kugel gleichmäßig über die Schultern, den
Rücken und andere Körperteile. Dabei achtet
sie darauf, dass die Kugel stets im Kontakt mit
dem Körper bleibt.
Ist das Musikstück beendet, massiert sie immer
langsamer und lässt die Kugel schließlich auf
dem Körper des Kindes ruhen.
Falls das Kind nicht in seinem Bett liegt und
einschlafen soll, bittet sie das Kind langsam
und möglichst über die Seitenlage aufzuste-
hen. Miteinander ballen sie ihre Hände zu
Fäusten, recken und strecken sich ausgiebig.

Advent-Mandala

Alter: ab 2,5 Jahren
Material: pro Kind 3 kleine Sachen, die es in der Adventszeit zu sehen gibt (z. B. Strohstern, Weihnachtskugel aus Styropor oder Plastik, Zapfen); viele Tannenzweige; dicke Kerze; Stabfeuerzeug; Klangschale

Vorbereitung

Die Spielleitung stellt eine dicke Kerze auf den Boden, um die sie Tannenzweige legt. Ausgehend von den Zweigen legt sie drei weitere Tannenzweig-Ringe mit genügend Abstand zueinander auf den Boden.

Die Kinder setzen sich um das Mandala aus Tannenzweigen herum und erhalten jeweils einen Strohstern, eine Weihnachtskugel und einen Zapfen.
Die Kinder gehen möglichst leise der Reihe nach in Richtung Mandala, um die Ringe von innen nach außen mit ihren Sachen zu füllen, sodass am Ende im ersten Ring z. B. alle Sterne, im zweiten alle Weihnachtkugeln und im dritten die Zapfen liegen.
Ist das Mandala fertig, entzündet die Spielleitung die Kerze. Die Kinder gehen nun Hand in Hand im Uhrzeigersinn herum.
Sobald jedoch die Spielleitung auf die Klangschale schlägt, bleiben alle Kinder stehen, um das Mandala in Augenschein zu nehmen. Ist der Klang verklungen, gehen sie wieder Hand in Hand im Uhrzeigersinn herum. Nach drei bis vier Stopps macht die Spielleitung die Kerze aus.

Die Heiligen Drei Könige

Wie aus einem altbekannten Gedicht eine Streichelmassage werden kann, sieht man hier.

Alter: ab 1 Jahr
Material: pro Kind 1 weiches Lammfell o. Ä und evtl. 1 kleiner Strohstern
Gedicht: „Die Heil'gen Drei Könige" (Heinrich Heine, 1797–1856)

Das Kind legt sich bequem auf den Bauch. Die Spielleitung liest das Gedicht vor und geht dabei mit dem Zeige-, Mittel- und Ringfinger auf dem Rücken des Kindes spazieren.

Die Heil' gen Drei Könige aus dem Morgen-land,
sie frugen in jedem Städtchen:
„Wo geht der Weg nach Bethlehem,
ihr lieben Buben und Mädchen?"

Die Jungen und Alten, sie wussten es nicht,
die Könige zogen weiter;
sie folgten einem goldenen Stern,
der leuchtete lieblich und heiter.

Der Stern blieb stehn über Josephs Haus,
da sind sie hineingegangen;
das Öchslein brüllte, das Kindlein schrei,
die Heil' gen Drei Könige sangen.

Bei den letzten beiden Zeilen streicht die Spielleitung langsam mit beiden Händen ausgehend vom Kopf bis zu den Füßen des Kindes, dem sie am Ende einen Strohstern schenken kann.

Entspannen mit Weihnachtsmusik

Eine ruhige Musik hilft den Kindern innerlich zur Ruhe zu kommen und bietet sich auch zum Einschlafen an. Zudem genießen jüngere Kinder hierbei auch den engen Kontakt zu ihrer Bezugsperson.

Alter: ab 3 Monaten
Lied: ruhige Weihnachtsmusik, z. B. der Weihnachtslied-Klassiker „Stille Nacht, heilige Nacht"; CD-Player

Die Spielleitung streichelt im Takt zur Melodie ein Kind, das in seinem Bettchen liegt, sanft über den Kopf. Dabei kann sie die Melodie des Liedes auch leise vor sich hin summen. Das wirkt auf das Kind sehr beruhigend, sodass es in der Regel schnell einschläft.

Hinweis
Manchmal genügt auch eine ruhige entspannende Musik, die leise im Hintergrund erklingt, um müde zu werden und schließlich einzuschlafen.

Bald ist Weihnachten!

Draußen ist es bitterkalt. Die Kinder sitzen in der warmen Stube und sind ganz müde und schlafen ein. Hoffentlich verschlafen sie nicht das große Fest und hören rechtzeitig die Weihnachtsglocke!

Alter: ab 2 Jahren
Material: 1 Weihnachtsmann-Glocke mit Stiel, ca. 17–20 cm lang

Die Kinder sitzen beisammen im Spielkreis und tun so, als ob sie schlafen würden. Dabei dürfen sie natürlich ihre Augen schließen. Erst wenn alle „schlafen" und es mucksmäuschenstill ist, läutet die Spielleitung die Glocke und sagt:

„Aufgewacht, ihr lieben Kinder
Es ist Weihnachten und Winter!"

Die Kinder öffnen ihre Augen, machen Fäuste, recken und strecken sich und springen vergnügt aus ihren Betten bzw. stehen auf.

Schneeengel

Alter: ab 2,5 Jahren
Material: Modellierunterlagen (→ S. 56) oder alte Zeitungen; pro Kind 1 Tonpapierbogen in Hellblau, DIN A4, 1 Malkittel und 1 Schälchen; Fingerfarbe in Weiß,
Lied: ruhige Melodie, z. B. das altbekannte Weihnachtslied „Leise rieselt der Schnee"

Vorbereitung

Die Spielleitung breitet auf den Tischen ein paar Zeitungspapiere aus oder gibt jedem Kind eine Modellierunterlage. Sie schaltet die Musik ein.

Die Kinder ziehen sich einen Malkittel an und holen sich einen hellblauen Tonpapierbogen sowie ein Schälchen mit etwas weißer Farbe.

Spielverlauf

Die Kinder tauchen einen Finger in die Farbe und tupfen im Takt der Musik, die leise im Hintergrund erklingt, kleine Schneeflocken auf ihr Papier.

Wenn die Musik beendet ist, waschen die Kinder die Farbe von ihren Fingern ab.

Die Spielleitung bildet einen Stuhlkreis und zwar so, dass die Rückenlehnen in Richtung Kreismitte zeigen. Auf jeden Stuhl stellt sie ein Bild.

Die Kinder bilden einen Kreis um die Stühle und betrachten die aufgemalten Schneeflocken. Zum Rhythmus der erneut erklingenden Musik gehen sie Hand in Hand im Uhrzeigersinn herum, sodass sie die Schneeflocken-Bilder der Reihe nach gut betrachten können.

Wenn die Spielleitung die Musik stoppt, legen sich die Kinder mit dem Rücken auf den Boden und stellen sich vor, dass sie auf einer schneebedeckten Wiese liegen.

Die Spielleitung schaltet die Musik wieder ein. Die Kinder bewegen im Takt der Musik ihre Arme und Beine wie ein Hampelmann und tun so, als ob sie Schneeengel machen würden. Ist die Musik beendet, stehen sie langsam, am besten über die Seitenlage, auf.

Jedes Kind darf sein Schneeflocken-Bild mit nach Hause nehmen.

Ruh' dich im Iglu aus!

Alter: ab 2 Jahren
Material: pro Kind 1 Lammfell, Decke oder Isomatte; pro Tisch 1 weißes Leintuch o. Ä.; Handtrommel; Klangschale

Vorbereitung

Die Spielleitung verteilt die Tische im Raum, unter die sie jeweils bis zu vier Lammfelle, Decken oder Isomatten platziert. Über den Tischen breitet sie jeweils ein weißes Leintuch aus. Das sind die Iglus.

Die Kinder spielen Eskimos.
Zum Rhythmus des Trommelspiels, das durch die Spielleitung erfolgt, laufen sie um die Iglus herum.
Nach einer Weile sind jedoch alle Eskimo-Kinder müde und suchen sich ein freies Iglu. Die Eskimo-Kinder krabbeln unter die Tische, machen es sich bequem und „schlafen".
Wie lange wird es wohl dauern, bis die ersten Eskimo-Kinder wieder aufwachen, frisch und munter aus ihren Iglus herauskommen?
Vielleicht werden die Eskimo-Kinder auch erst von der Morgensonne bzw. von der Klangschale geweckt, die die Spielleitung anschlägt.

Warme Hände

Alter: ab 2 Jahren

Die Kinder sitzen im Spielkreis beisammen und hören, was die Spielleitung sagt:

„Wir kommen aus dem Wald!
Draußen ist es sehr kalt!
Reibt euch die Hände, Kinder!
So wird's uns warm im Winter!"

Die Spielleitung und die Kinder reiben sich so lange die Hände, bis sie warm sind. Die Spielleitung benennt ein Körperteil, wie z.B. die Oberschenkel, auf die sie ihre Hände legen. Dabei sollen sie bewusst die warmen Hände auf ihren Oberschenkeln wahrnehmen, spüren und genießen.
Nach einer kurzen Pause wiederholt die Spielleitung mit den Kindern das Spiel und sucht sich eine neue Körperstelle aus, wie z.B. die Wangen oder den Bauch, auf die die Kinder dann ihre warmen Hände legen.

Igel im Winterschlaf

Alter: ab 2,5 Jahren
Material: für die Hälfte der Gruppe jeweils 1 Isomatte o. Ä. und 1 Decke; Wattebäusche; Klangschale

Die Hälfte der Kinder legt sich mit dem Rücken oder Bauch auf jeweils eine Isomatte und deckt sich zu. Sie spielen Igel, die unter einer Blätterdecke Winterschlaf halten.

Alle übrigen Kinder erhalten von der Spielleitung jeweils eine Handvoll Wattebäusche, die Schneeflocken darstellen.

Schlägt die Spielleitung die Klangschale an, ist es Winter. Die Kinder gehen ganz leise zu den schlafenden Igeln und lassen es schneien, indem sie die Wattebäusche auf die Decken fallen lassen.

Sobald jedoch die Spielleitung die Klangschale wieder erklingen lässt, ist es Frühling. Der Schnee schmilzt! Die Kinder entfernen die Wattebäusche und die Igel wachen aus ihrem Winterschlaf wieder auf. Sie bilden Fäuste, recken und strecken sich ausgiebig und stehen langsam über die Seitenlage auf.

Die Kinder tauschen die Rollen.

Da kommst du geschneit!

Alter: ab 3 Monaten
Material: Lammfell o. Ä.; kuschelige Babydecke; Wattebausch
Lied: „Schneeflöckchen, Weißröckchen" (Text: Hedwig Haberkorn, 1837–1902, Melodie volkstümlich)

Die Spielleitung zieht das Kind nach Möglichkeit bis zur Unterwäsche aus.

Das Kind liegt auf dem Rücken auf einer weichen Unterlage. Die Spielleitung nimmt den Wattebausch in die Hand, der eine Schneeflocke darstellt. Während sie die 1. Strophe des Liedtextes vorliest oder singt, streichelt sie sanft mit dem Wattebausch z. B. den Oberkörper des Kindes.

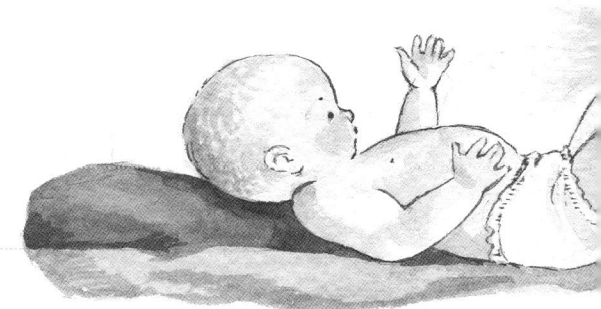

„Schneeflöckchen, Weißröckchen,
Wann kommst du geschneit?
Du wohnst in den Wolken,
dein Weg ist so weit.

Die Spielleitung wiederholt mehrmals die 1. Strophe und streichelt dabei mit dem Wattebausch jedes Mal eine andere Körperstelle, wie z. B. einen Arm, den Bauch oder einen Fuß, bevor sie es schließlich mollig einhüllt und dann langsam wieder anzieht.

Schneeflocken schweben ...

Alter: ab 3 Monaten
Material: 1 Lammfell o. Ä.

Das Kind liegt mit dem Rücken auf einer weichen Unterlage oder in seinem Bett. Die Spielleitung sitzt neben dem Kind, spricht den Text langsam und deutlich laut vor und macht die dazu passenden Bewegungen.

„Winzig kleine Schneeflocken
schweben auf deine Locken."
(Mit beiden Händen über den Kopf, …)
„Schweben auf dich herunter
und wirken sanft und munter."
(den Oberkörper …)
„Genieße es und ruh' dich aus!
Genieße es und ruh' dich aus!"
(bis zu den Füßen streicheln.)

Hinweis

Die Spielleitung wiederholt das Ganze gleich
ein paarmal.

Ein Schaf im Winterwald

*Die folgende Streichelmassage hilft beim Ein-
schlafen und macht dem Kind besonders viel
Freude, wenn die Spielleitung das dazu passende Handschuhtier benutzt.*

Alter: ab 1 Jahr
Material: evtl. 1 Handschuhtier (Schaf)

*„Es ist Winter und sehr kalt.
Ein Schaf läuft schnell durch den Wald."*
(Mit den dem Zeige-, Mittel- und Ringfinger
sowie dem kleinen Finger oder dem Hand-
schuhtier auf dem Rücken spazieren gehen.)
*„Es läuft und läuft durch den Wald
und macht dann irgendwann Halt."*
(Siehe oben. Am Ende die vier Finger oder das
Handschuhtier auf dem Rücken ruhen lassen.)
*„Es sieht einen Stall in der Ferne.
In der Wärme wäre es gerne".*
(Die flache Hand kreisförmig von der rechten
bis zur linken Schulter bewegen.)
*„Es läuft und läuft und ist bald dort
Es freut sich auf den warmen Ort."*
(Erst mit den vier Fingern oder dem Hand-
schuhtier so wie am Anfang spazieren gehen
und dann die flache Hand kreisförmig von der
rechten bis zur linken Schulter bewegen.)
*„Im warmen Stall legt es sich zur Ruh.
Es deckt sich mit etwas weichem Stroh nun
zu."*
(Die Hand ausgehend vom Kopf bis zu den
Füßen streichen. Am Ende das Kind gut zu-
decken.)
„Gute Nacht!"

Adventsfeier für Groß und Klein

Miteinander spielen, feiern und die Weihnachtsvorfreude erleben

Eine Adventsfeier mit den Kindern und deren Eltern ist ein schöner Anlass, um Kontakte zu knüpfen, das Wir-Gefühl zu steigern und gemeinsam den Advent (wieder) zu entdecken. Die Kinder zeigen stolz ihren Eltern und Geschwisterkindern das, was sie für die Adventsfeier vorbereitet und eingeübt haben. Es braucht jedoch keineswegs viel zu sein. Vielmehr stehen die Freude und das gute Miteinander im Mittelpunkt, die letztendlich eine schöne Adventsfeier ausmachen.

Im letzten Kapitel wird nun gezeigt, wie man eine Adventsfeier für die Kinder und deren Eltern und Geschwisterkindern durchführen kann und zwar ohne, dass wochenlang vorher geplant, organisiert und geprobt werden muss. Vielmehr handelt es sich hier um eine kleine überschaubare Adventsfeier im Gruppenraum, die im Übrigen auch ohne viele Materialien auskommt. Es werden die Spiele und andere Angebote aus den vorherigen Kapiteln verwendet, die die Kinder in der Adventszeit bis zur Feier erlernen können. Auf diese Weise können Groß und Klein ganz entspannt die Adventsfeier genießen und die Vorfreude auf das große Fest gemeinsam erleben.

Vor dem Fest

Die Kinder basteln jeweils eine Weihnachtskarte (➜ S. 60), auf deren Vorderseite die Spielleitung „Herzliche Einladung zur Adventsfeier" schreibt. Für Kinder unter 2 Jahren bastelt die Spielleitung die Karten.

Sie öffnet die Karten und schreibt auf die rechte Seite den folgenden Einladungstext:

Liebe Kinder und Eltern,

nun ist er nicht mehr fern, der kleine Weihnachtsstern.

Aus diesem Grund möchten wir alle Kinder und Eltern

am ...

um ...

in die Kinderkrippe einladen, um gemeinsam den

... Advent zu feiern.

Es wäre schön, wenn jeder ein paar Plätzchen, Lebkuchen oder andere Leckereien aus der Weihnachtsbäckerei mitbringt. Zu trinken gibt es leckeren Adventstee, heißen Kakao und für die Eltern frisch gebrühten Kaffee.

Auf Euer Kommen freut sich

das Krippen-Team

Handabdruck (Weihnachts- geschenk für die Eltern)

Eine besonders schöne Überraschung für die Eltern und ein weiteres Highlight auf der Adventsfeier ist ein selbstgemachtes Geschenk von den Kindern, das die Eltern mit nach Hause nehmen, unter den Weihnachtsbaum legen und erst am Heiligen Abend öffnen dürfen.

Alter: ab 1 Jahr
Material: pro Kind 1 bespannter Keilrahmen, ca. 40 × 40 cm; Fingerfarben; Farbschälchen; 3–4 Schaumstoff-Roller oder Struktur-Roller aus Kunststoff mit unterschiedlichen Strukturen; Geschenkpapierrolle mit Advents- und Weihnachtsmotiven; Klebefilm; Schere

Die Spielleitung füllt in jedes Schälchen eine andere Farbe, z. B. Gold, Weiß, Rot, Blau und Grün.
Die Kinder tauchen nacheinander die einzelnen Roller in die goldene und weiße Farbschale, um damit auf dem Keilrahmen verschiedene Strukturen zu erzeugen, wie z. B. Wellen, Punkte, Schlangenlinien und Strichmuster.
Ist genügend Farbe auf dem Papier verteilt, bestreicht die Spielleitung die Hände der Kinder mit Farbe, z. B. mit Rot, Blau oder Grün.
Die Kinder machen überall auf ihrem Keilrahmen Handabdrücke.
Sie waschen und trocknen ihre Hände und wiederholen den Vorgang mit einer neuen Farbe.

Nach zwei bis drei Durchgängen lassen sie die Kunstwerke trocknen und packen sie schließlich gemeinsam mit der Spielleitung in Geschenkpapier ein.

Tisch decken (Adventsfeier)

Material: pro Erwachsenen 1 Kaffeegedeck; pro Kind 1 Kindergedeck; pro Tischgruppe 1 weiße Tischdecke, Isolierkannen für Tee und Kaffee, 1 Schwimmkerzenschale (➡ S. 61), 4 Schwimmkerzen, Servietten, Walnüsse, Äpfel, Mandarinen, Dosenmilch, Würfelzucker und 2–3 Plätzchen- und Kuchenteller; Adventstee; Kaffee; Wasser; Stabfeuerzeug

Je nachdem, wie viele Gäste kommen, werden im Raum 4-er oder 6-er Tischgruppen gestellt, auf denen das Team weiße Tischdecken ausbreitet.
Das Team deckt den Tisch gemeinsam mit ein paar Kindern.
Auf jede Tischgruppe wird eine Adventsschale, in der sich Wasser und vier Schwimmkerzen befinden, gestellt und ein paar Nüsse, Äpfel und Mandarinen dekorativ verteilt. Das Team stellt außerdem leere Plätzchen- und Kuchenteller auf die Tische, die später die Eltern mit ihren mitgebrachten Leckereien füllen dürfen.
Das Team kocht Adventsee und Kaffee, die sie in Isolierkannen warmhalten und auf den Tischen verteilen.

Kurz vor dem Fest

Das Team bildet für die Kinder einen großen Stuhlkreis und stellt die Stühle für die Eltern direkt hinter dem Stuhlkreis auf. In der Stuhlkreismitte platziert die Spielleitung einen Tisch, auf den sie einen Adventskranz stellt.

Das Fest beginnt

Die Kinder setzen sich in den großzügig gestellten Stuhlkreis und die Eltern direkt hinter ihren Kindern auf die Stühle. Danach folgen die hier aufgeführten Stuhlkreisspiele:

✤ „Die Weihnachtsglocke" (➜ S. 7) Anders als beim ursprünglichen Spiel sagt die Spielleitung dabei:

„Läutet die Glocke hier im Kreis,
sind alle Leute ruhig und leis'."

Bevor es mit dem nächsten Spiel weitergeht, heißt sie die Kinder und deren Eltern herzlich willkommen.

✤ „Vier Kerzen" (➜ S. 28)
✤ „Wir tanzen um den Kranz" (➜ S. 68). Damit alle und somit auch Kinder unter 2 Jahren mitmachen können, empfiehlt es sich, dass die Eltern mittanzen und dabei die Kleinsten tragen.
✤ „Wer weiß es?" (➜ S. 28) Die Spielleitung fragt die Kinder, ob sie wissen, weshalb wir uns auf Weihnachten freuen. Konnten die Kinder Antwort geben, stellt sie unter den Tisch, auf dem der Adventskranz steht, eine Krippe mit dem Jesuskind. Es folgt:

✤ „Das Christkind kommt bald!" (➜ S. 11) Nach jeder Liedstrophe darf dabei ein anderes Kind das Jesuskind in der Krippe ausfindig machen. Kinder unter 2 Jahren können von ihren Eltern an die Hand genommen oder zur Krippe getragen werden. In diesem Fall machen die Eltern sich gemeinsam mit ihren Kindern auf die Suche nach dem Jesuskind in der Krippe.
✤ „Die Heiligen Drei Könige" (➜ S. 70) Die Spielleitung lädt nun die Kinder zu einer Streichelmassage im Sitzen ein, bei der die Eltern, die hinter ihren Kindern im Stuhlkreis sitzen, die dazugehörigen Bewegungen auf dem Rücken ihrer Kinder machen.

Entspannt und erholt dürfen die Kinder und deren Eltern und Geschwisterkinder sich an die festlich gedeckten Tische setzen, um die mitgebrachten Plätzchen und andere Leckereien zu essen. Damit sich die Eltern noch unterhalten und die Kinder spielen können, gibt es nun offene Angebote für die Kinder, die das Team anleitet.

Mal – und Basteltisch

offene Angebote

✣ „Wichtelwerkstatt" (➜ S. 56)
✣ „Weihnachtskugel" (➜ S. 59)
✣ „Weihnachtsmann" (➜ S. 61)
✣ „Schatzkiste mit Adventsüberraschungen"
  (➜ S. 62)

Im Spielkreis
offene Angebote

Material: pro Kind 1 Sitzkissen

✣ „Singen & musizieren im Advent" (➜ S. 7)
  bzw. Nikolauslied „Lasst uns froh und mun-
  ter sein" Falls genügend Rhythmusinstru-
  mente vorhanden sind, können die Kinder
  den Refrain des Liedes begleiten (➜ S. 8).
✣ „Weihnachtsmäuse" (➜ S. 27)
✣ „Weihnachtsmäuse und die Plätzchen"
  (➜ S. 47)
✣ „Was steckt im Stiefel?" (➜ S. 45)
✣ „Weihnachtskugel-Jagd" (➜ S. 17)
✣ „Was klingt denn da?" (➜ S. 50)
✣ „Tschüss, Weihnachtskugel" (➜ S. 12)

Nach ca. 30 Minuten ruft die Spielleitung alle herbei und bittet die Kinder und deren Eltern sich wieder so wie im Anfang in den Stuhlkreis zu setzen. Sitzen alle beisammen im Kreis, singen sie miteinander ein Lied.

✣ „Singen & musizieren im Advent" (➜ S. 7)
  bzw. Nikolauslied „Lasst uns froh und munter sein", evtl. mit Rhythmusinstrumenten
  (➜ S. 8). Unabhängig davon nehmen Eltern
  die jüngeren Kinder auf ihren Schoß und
  machen parallel dazu die Variante des
  Kniereiterspiels „Hurra, bald ist Nikolausabend da!" (➜ S. 26)

Ist das Lied beendet, überreicht die Spiellei-tung den Kindern nacheinander die Geschen-ke für die Eltern, die diese dann ihren Eltern übergeben. Am Ende folgt das Abschlussspiel:

✣ "Advent, Advent …" (➜ S. 14)

Die Spielleitung wünscht allen ein frohes und besinnliches Weihnachtsfest, läutet am besten mit einer Weihnachtsmann-Glocke und spricht dann so ähnlich wie bei dem Abschlussspiel „Glockenläuten" (➜ S. 12):

„Läutet die Glocke muss ich gehen!
Liebe Gäste, auf Wiedersehen!"

Anhang
Register

Vorlagen

Literatur & Musik

Erkert, Andrea: Das Adventsspiele-Buch: Die weihnachtliche Zeit spielerisch begleiten. Münster (Ökotopia Verlag) 2008.

Erkert, Andrea / Lindner, Heidi: Feste feiern & gestalten rund um die Jahresuhr: Mit zahlreichen Spielaktionen, Dekorationen, Rezepten und Planungshilfen für das nächste Fest rund um Hits von Rolf Zuckowski. Münster (Ökotopia Verlag) 2006.

Erkert, Andrea: Im Stuhlkreis die Adventszeit erleben. Münster (Ökotopia Verlag) 2011. Im Stuhlkreis die Adventszeit erleben (CD): Die schönsten Kinderlieder zur Weihnachtszeit. Münster (Ökotopia Verlag) 2011.

Erkert, Andrea / Janetzko, Stephen: Zünd die erste Kerze an. Lieder und Spielideen für den Advent (**mit CD**). München (Don Bosco Verlag) 2006.

Fischer, Sibylle / Mößner, Barbara: Kleinstkinder entdecken Herbst und Winter: Spielideen und Impulse für Kita und Tagespflege. Freiburg im Breisgau (Herder Verlag) 2011.

Günter, Sybille: Himmlische Zeiten für Kinder: Den Zauber weihnachtlichen Brauchtums in lebendigen Aktionen von Martini bis Silvester stimmungsvoll erleben. Münster (Ökotopia Verlag) 2008.

Gulden, Elke / Scheer, Bettina: KliKlaKlanggeschichten zur Advents- und Weihnachtszeit. München (Don Bosco Verlag) 2011.

Hering, Wolfgang: Kunterbunt bewegte Winterzeit: Singen, spielen, turnen, tanzen: mit Fingerspielen, Versen, Liedern, Spielen und anregenden Bewegungsgeschichten. Münster (Ökotopia Verlag) 2010.

Hering, Wolfgang (**CD**): Kunterbunt bewegte Winterzeit: Spiel- und Bewegungslieder zum Mitsingen und Mitmachen zur Winter- und Weihnachtszeit. Münster (Ökotopia Verlag) 2010.

Hermann, Bettina / **Wittmann**, Sybille: Treffpunkt Kinderkirche. Gottesdienstmodelle für Kinder ab 2 Jahren. Mit Poster zum Kirchenjahr. München (Don Bosco Verlag) 2009.

Huss, Anja: Lichterglanz und Weihnachtsduft: 55 Ideen und Impulse für die Adventszeit in der Kita. Freiburg im Breisgau (Herder Verlag) 2012.

Lehner, Monika: Advent und Weihnachten feiern mit Ein- bis Dreijährigen. Kleine Kinder feiern Feste. München (Don Bosco Verlag) 2011.

Lehner, Monika: Den Winter erleben mit Ein-bis Dreijährigen. Mit kleinen Kindern durch das Jahr. München (Don Bosco Verlag) 2012.

Lehner, Monika: Nikolaus feiern mit Ein- bis Dreijährigen. Kleine Kinder feiern Feste. München (Don Bosco Verlag) 2011.

Rögner-Schneider, Mirjam: Entspannt durch den Winter: Fantasievolle Entspannungsübungen für Kinder: Autogenes Training, Progressive Muskelentspannung, Massagen und Meditationen. Münster (Ökotopia Verlag) 2011.

Sommerfeld, Sandra: Das Kindergartenweihnachtsbuch. Die schönsten Anregungen für die Advents- und Weihnachtszeit. Freiburg im Breisgau (Herder Verlag) 2010.

Tenta, Heike und Werner: Mitmachgeschichten für Advent und Weihnachten. München (Don Bosco) 2012.

Wicke, Susanne / Thiele, Gudrun / Kaufmann, Birgit: Basteln mit den Allerkleinsten. Weihnachten: Basteln, backen und bemalen. Stuttgart (Frech Verlag) 2012.

Zuckowski, Rolf **(CD)**: Feste feiern rund um die Jahresuhr: Mit 16 Gute-Laune-Liedern für alle Jahreszeiten. Münster (Ökotopia Verlag) 2005.

Bilderbücher für die Allerkleinsten

Ablen, Reinhard: Das Jesuskind ist geboren. Pappbilderbuch mit Griffregister. Kevelaer (Butzon & Bercker) 2011.

Bartos-Höppner, Barbara**:** Die Weihnachtsgeschichte. Ravensburg (Ravensburger Buchverlag) 2005.

Berner, Rotraut Susanne: Winter-Wimmelbuch. Hildesheim (Gerstenberg Verlag) 2011.

Cuno, Sabine: Wir freuen uns auf Weihnachten Ravensburg (Ravensburger Buchverlag) 2010.

Dropp, Constanza: Die Jahreszeiten. Wieso? Weshalb? Warum?. Ravensburg (Ravensburger Buchverlag) 2005.

Hufen, Regina: Mein liebstes Weihnachts-Fühlbuch. Münster (Coppenrath) 2011.

Künzler-Behncke, Rosemarie: Heute kommt der Weihnachtsmann. Ravensburg (Ravensburger Buchverlag) 2011.

März, Lene: Das ist der heilige Nikolaus. Stuttgart (Thienemann). 2009.

Mitgutsch, Ali: Mein Wimmel-Bilderbuch. Frühling, Sommer, Herbst und Winter. Ravensburg (Ravensburger Buchverlag) 2007.

Scholz, Gaby: In der Weihnachtswerkstatt. Ravensburger (Ravensburger Buchverlag) 2012.

Schwarz, Regina: Schneemann, Tanne, Glitzerstern. Weihnachten hab ich so gern. Ravensburger (Ravensburger Buchverlag) 2011.

Wandrey, Guido: Mein großes Weihnachts-Wimmelbuch. Esslingen (Esslinger Verlag Schreiber) 2009.

Die Autorin

Andrea Erkert ist Erzieherin, Entspannungspädagogin und Fachlehrerin einer Grundschulförderklasse in der Nähe von Stuttgart und verfügt über eine mehrjährige Berufserfahrung als Leiterin eines 5-gruppigen Kindergartens. Seit über 20 Jahren bietet sie praxisnahe Fortbildungen und Elterninfoabende in Kinderkrippen, Kitas und Schulen u. a. zu den Themen „Entspannung und Bewegung" sowie „Feste feiern & gestalten rund um die Jahresuhr" im In- und Ausland an. Die Gesamtauflage aller Titel der Autorin, die im Ökotopia Verlag erschienen sind, beträgt mehr als 175 000 Exemplare (Stand 2012). Darunter z. B. die beiden Topseller „Hurra! Wir spielen draußen" und „Das Stuhlkreisspiele-Buch."

Anfragen für ganz- oder halbtägige Seminarveranstaltungen und Elternabende:

Andrea Erkert
Seelacher Weg 79
71522 Backnang
Deutschland
oder
817 Columbus Ave
Lehigh Acres, FL 33972
Florida, USA
Tel. (07191) 908357
Fax: (07191) 908359
andrea.erkert_florida-sun@t-online.de

Die Illustratorin

Annie Meussen, geb. 1949, lebt und arbeitet in den Niederlanden. Bereits als junges Mädchen erhielt sie ihren ersten professionellen Unterricht von ihrem Vater. Seither hat sie sich vor allem in der Detailzeichnung weiterentwickelt. Nach der Schulzeit arbeitete Annie Meussen als Erzieherin mit kranken Kindern in einem der wenigen Krankenhäuser, an die auch eine Schule angegliedert war. Seit 1990 ist sie selbstständige Illustratorin von Kinderbüchern und Kalendern.

Für den Ökotopia Verlag illustrierte Annie Meussen bereits folgende Bücher: Santa, Sinter, Joulupukki (2002), Käfer, Katze und Kaninchen (2003), Streicheln, Spüren, Selbstvertrauen (2003), Englische Bewegungshits (2004), Feste feiern und gestalten rund um die Jahresuhr (2005), Ganzheitliche Entspannungstechniken für Kinder (2006), Bewegung mit Musik macht Kinder stark (2007)